JN408745

들꽃 질펀한 항아리

강옥희 다섯번째 수필집

들꽃 질펀한 항아리

해암

제5집
『들꽃 질펀한 항아리』를 내면서

삶이 언제 위기가 아니었던 적이 있었는가.

새로운 계절이 오듯이 나의 마음에도 그런 날이 오길 기원해 본다.

더 이상 채울 수 없는 꽉 찬 물병이기 보다 아름다운 것으로 채울 수 있는 빈 병이길 원한다.

우리들의 삶에는 누구나 다 사람들의 땀과 눈물, 그리고 희생의 뒷받침이 있었다는 것을 이제야 가슴에 새롭게 새긴다. 수없이 밟히고 파인 자리마다 사랑의 새싹이 돋아나기를 바래본다.

우리는 수없는 만남과 이별을 하는 가슴앓이를 얼마나 더 해야만 삶의 위기를 담담하게 받아들일 수 있을까?

멍든 그곳에 보랏빛 꽃으로 피기까지.

이번 5집은『아름다운 꽃 잔치』를 출판하고 4년이 지났다. 지금

이 시간까지 십오 년 동안 복지관과 치매 병동에서 봉사활동을 하면서 그들과의 만남이다.

제목처럼 질펀한 항아리 되고자 나는 오늘도 그들 속에서 함께 배워 가고 있다.

나 자신의 진정한 삶이 무엇인지 또 무엇을 원하고 살아 왔는지를 늦깎이 석사 공부를 마무리하는 뜻 깊은 5집 발간을 하게 되어 숙제 하나를 마치는 기분이다.

마음의 허기를 채우고자 늦은 밤까지 배움을 함께 한 교수님과 학우님들, 표지를 그려 준 강홍건 수필가, 서문을 써 주신 이미식 교수님, 출판을 맡아 준 도서출판 해암 직원들, 늦깎이 공부에 힘을 실어 준 가족, 친척에게도 감사의 뜻을 전한다.

2016년 8월 교대 도서관에서
저자 **강옥희** 드림

| 서문 |

수필집에 담긴 빛깔과 향기가 우리에게 공명이 되어…

이미식
부산교육대학원 교수

여름 더위가 한창이다. 여름은 여름다워야 제 맛이다. 계절도 그러하듯이 사람도 그러한 것 같다. 사람마다 고유한 빛깔이 있는데 그 빛깔을 다하는 것이 멋진 사람인 것 같다.

우리 주위에는 다양한 빛깔의 사람이 있는 것 같다. 투박하지만 순수한 빛깔이 있는 있는가 하면, 청아하면서도 은은한 도자기 빛깔의 사람도 있지만 자신의 빛깔을 제대로 내는 사람은 많지 않다.

강옥희 선생은 여름에 피는 능소화 같은 색깔의 분이시다. 신비한 느낌의 주홍색 색깔의 능소화는 밋밋한 담벼락을 화려하게 수놓을 뿐만 아니라 여름 내내 품고 있던 꽃잎이 통째로 떨어지기 때문에 꽃 색깔이 그대로 유지되는 품격을 지니고 있다. 그녀의 배움에 대한 열정, 삶에 대한 진솔함과 헌신 능소화 꽃 색깔의 신비함과 품격을 닮아 있으며, 그 빛깔을 온전하게 한다.

오랫동안 복지관과 치매병동에서 하신 봉사활동을 수필로 남기신다고 한다. 무엇보다도 봉사의 삶에 감사드리고, 삶에 대한 기록이 담긴 다섯 번째 수필집 발간을 축하드린다.

누구나 삶 앞에서는 한 치 변명도 가능하지 않은 것 같다. 제 삶은 오롯이 각자가 져야할 몫이기 때문이다. 한 가정의 아내로서, 어머니로서, 한 여성으로서, 지역의 수필가로서의 몫을 수행하는 향기가 담긴 수필집이 널리 읽혔으면 한다.

수필집에 담긴 빛깔과 향기가 우리에게 공명이 되어 울렸으면 하는 바람으로 서문을 쓴다. 이 수필집 서문을 쓸 수 있는 영광을 누리게 됨을 감사드리면서 글을 맺고자 한다.

2016년 7월

연구실에서 쓰다

1 _ 들꽃 질펀한 항아리

2 _ 명품이다

차 례

3 _ 시간을 탐하다

4 _ 천 년을 빌려 준다면

5 _ 길 위의 가족

6 _ 여행은 연인이다

강옥희수필집

1 | 들꽃 질펀한 항아리

햇귀

화들짝 놀란다. 새벽에 떠오르는 해돋이의 기쁨이다.

세상은 어둠에서 나온다. 밤을 헤쳐 나가기 위해 빚어 낸 확장된 감각에 모두 햇빛이 어린다. 전기 덕분에 이제는 밤이 예전처럼 길지 않다. 그 만큼 어둡지도 않기 때문에 우리 선조들이 동이 트기를 기다리며 설레는 마음을 상상하기는 쉽지 않다. 별이 없는 밤이면 수족도 의지도 마비된 듯 짐작하기 어렵다. 새벽에는 여러 의미가 있지만 언제나 재탄생의 새로운 출발이라는 의미는 달라지지 않는다.

나는 새벽이면 무슨 신들린 사람처럼 대문을 나선다. 그것도 습관이 버릇이 되어 시간 때에 만나는 사람들의 몸짓을 생각한다. 오늘 이 시간에 엇박자로 비켜가는 그것만으로 새벽의 첫 단추를 잘 채웠다고 나에게 반문한다. 새벽은 나의 시간의 세상을 덧칠하는 숲과 잠자는 미녀들의 세상이다. 얼어붙은 단단한 해진 마른 잎은 유령의 손이 되고, 까치는 나뭇가지를 옮겨 다니며 친구들과 한창 이야기를 나눈다.

우리 삶의 거대한 활로의 일부인 새벽을 삶과 물질세계의 깊숙한 회랑回廊에 손짓할 때 살아서 죽음에 저항하는 세상으로 우리를 부른다. 그러고 나서야 어두운 방안에 불을 켠 것처럼 자연이 또렷이 눈에 들어온다. 우리 자신의 모습처럼 유령 같은 손, 지나온 세월의 고운 앙금까지도 누군가가 날 놀라게 했을 때 움찔 하듯이 말이다. 우리가 정말 어떤 존재인지를 느끼고 살아 있다는 것만으로 이 얼마나 대단한 모험인가. 그게 얼마나 짧은 한 순간인지를 떠 올리는 일이 새벽의 중요함을 만나게 한다.

새벽에 이 자연 속에 있다는 것만으로 늘 마음이 편안해진다. 생각이 뒤죽박죽 엉켰던 것을 이곳에서 조금씩 내려놓는다.

자연은 창조로 가득한 지갑 같다. 햇빛이 지평선을 넘어 스며들기 시작 하면 길을 가는 사람들한테 자기 키 보다 두 배는 더 긴 그림자가 생긴다. 꼿꼿이 선 사람들이 지평으로 쭉 뻗은 그림자로 끌고 가는 모습을 보면 좀 낯설기도 한다. 모든 것이 낯설게 반짝거린다. 모서리와 면이 빛나고 그림자는 가늘고 길게 늘어진다. 조각가 알베르토 자코메는 우리가 자기도 모르는 사이에 꼬리처럼 질질 끌고 오는 그림자를 보고 그처럼 비쩍 마른 형상을 빚어

낸 것은 아닐까.

햇발이 풀, 나뭇잎이나 이슬 맺힌 나눈 잎사귀에 떨어져 보석처럼 반짝거린다. 여러 색깔의 감각이 햇빛을 받아 영롱하다. 반죽된 구름이 햇빛에 푹 젖어 고요하다. 마침내 내 얼굴에 해의 따스한 입김이 느껴질 정도로 해가 솟는다. 부드럽고 건조한 온기에 하루의 정신이 깨어난다. 공원의 비둘기가 말馬 울음 같기도 하고 기차 경적 소리 같기도 하다. 꼬리를 쫙 펴고 마구 날갯짓을 한다. 그 놈들은 공중에 뜬 채로 몸을 돌려 반짝이는 검은 눈으로 나를 주시한다. 이른 새벽인데도 청초한 눈빛이다. '꾹구구' 발성 연습을 하듯 비둘기는 투덜대더니 한 걸음 정도 더 가서 난간에 내려앉는다. 이제 이 놈들은 사람을 그렇게 무서워하지 않는다. 어쩌면 사람의 존재를 참아 주는 것 같다. 가끔 '꾸꾸꾸' 하며 내는 소리가 나에겐 왠지 상여꾼의 우울한 탄식처럼 들린다. 이 새에게는 영원한 상중喪中이라는 불운한 느낌이 든다. 무슨 곡예를 하듯 나뭇가지 사이로 비추이는 햇살에 저렇게 빠른 속도로 거센 바람을 타면 어떻게 부딪히지 않을까. 이렇게 움직이는 모습이 창발적인 행동이다.

이런 생각들로 가득할 때 벌써 새벽은 햇귀에 밀려 가고 나는 서둘러 약수 병을 들고 대문을 들어선다.

따스함이 내 어깨 위를 포근히 감싸 안는다.

들꽃 질펀한 항아리

찬란하게 수놓아서 빛나는 유리그릇은 아니다. 아주 특별한 손님이 와야 한번 꺼내 놓는 장식장의 그릇은 더욱 아니다.

모양새가 그리 곱지도, 눈에 잘 띄지 않아도 언제든지 마음 편하게 쓸 수 있는 그릇이면 좋겠다. 허전한 자리에 들꽃을 한 아름 꺾어 풍성히 꽂아 두면 어울릴 질펀한 항아리면 좋겠다.

꾸미지 않아도 아름다운 사람. 모르는 것은 모른다고 말할 수 있는 솔직함, 아는 것을 애써 난척하지 않고도 자신의 지식을 나눌 수 있는 겸손함과 지혜로움으로 돋보이려 애쓰지 않아도 있는 모습 그대로 아름답게 비치는 거울이면 좋겠다.

자신이 가지고 있는 아름다움과 남에게 있는 소중한 것을 아름답게 볼 줄 아는 선한 눈으로, 자신의 부족함을 발견할 때 겸허하게 받아들일 줄 아는 열려진 마음이면 좋겠다.

남이 나를 알아주지 않을 때 화를 내거나 과장해 보이지 않는 온유함, 자신의 이익을 헤아려 손해 보지 않으려는 이기적인 마음보다 약간의 손해를 감수하고라도 남의 행복을 기뻐 할 줄 아는 넉넉함을 지닌 마음씨면 더욱 좋겠다.

삶의 지혜가 무엇인지 바로 알고 잔꾀를 부리지 않는 성실한 친구, 나 아닌 다른 사람의 입장에서 생각할 줄 아는 배려 깊은 사람, 내 자신의 편안을 위해 이웃을 이용하지 않고, 크고 작은 고난을 기꺼운 마음으로 받아들일 줄 아는 가난한 마음을 가진 사람, 꾸며진 미소와 외모 보다는 진실한 마음과 생각으로 자신을 정갈하게 다듬을 줄 아는 지혜를 쌓는 사람, 가진 것이 적어도 나눠 주는 기쁨과 행복해 할 줄 아는 소박한 마음을 가진 사람이면 더욱 좋겠다.

들꽃이 꽂힌 질펀한 항아리 같이!

수묵의 꽃

수묵화를 하는 지인을 만났다.

전시회 초대장과 팸플릿을 건네준다.

그 속에는 우리 조상들의 선비 정신과 서민들의 삶의 희로애락이 담겨져 있었다. 전시회장에 들어서자, 벽면에 담장과 크기를 나란히 한 소나무, 정원의 등나무, 서옥의 나무 창살. 그곳을 지키는 한 노인이 조용히 담배를 피우고 있을 뿐. 다른 사람은 아무도 보이지 않았다.

비가 내려 더욱 적막해진 실내로 기와와 소나무에 부슬부슬 적시는 빗소리가 들려 왔다. 나는 잠시 의자에 기대 앉아 벽에 걸린 한 폭의 그림을 물끄러미 바라보았다. 아마도 내가 무료하다고 여겼는지 문지기 노인은 일화를 늘어놓기 시작했다. 그 이야기의 대부분은 붓을 들어 스승의 손에 이끌려 그리든 옛 고향 집이었다.

나는 정확히 기억한다. 엄격한 그 시절 이웃 집 처녀를 어떻게 구슬려 그녀가 직접 입맞춤을 간청하도록 했는지를 상상 할 때 노인이 짓던 그 회심의 미소를 떠올렸다. 마치 입맞춤을 당한 사람이 바로 그 자신인 것 같았다. 내뿜는 담배 연기로 웃음소리를 따라 그의 얼굴 위에서 연신 흔들리는 듯 했다. 비가 그쳤고 나는 그 자리를 떠났다. 푸른 빛깔의 응회암이 깔린 골목길은 물에 흠뻑 젖고, 양쪽의 높은 담 사이로 바야흐로 푸르게 개기 시작하는 하늘이 걸려 있었다.

옅은 구름이 떠다니는 그 하늘에 노인의 웃음소리가 메아리치는 것 같았다. 폭도 좁고 긴 형체의 족자[條幅] 수묵화는 물의 고장 어디서나 볼 수 있는 좁다란 골목과 같다는 생각이 들었다.

어쩌면 이 좁은 공간이 사람으로 하여금 늘 광활한 하늘을 비상하고픈 충동을 느끼게 했는지 모른다. 그래서일까. 그 좁은 화폭을 마주할 때면 나는 항상 어딘가로 확장 되는 힘에 감염이 되곤 한다.

그것도 그림 속에 단지 장난 어린 동심만이 표현된 것이 아니라, 일종의 고매하고 초월적인 태도가 내 눈앞에 체현體現되기 때문이다. 고매한 서법은 속인의 눈에 들지 않고, 속인의 눈에 들면 고매한 서법이 아니란다. 이 말은 역시 의미를 아는 사람에게나 할 수 있을 뿐, 속인들에게는 말하기 어렵기 때문이다. 그렇다. 그의 재치 넘치는 수묵화는 물의 운용에서 입신의 경지에 도달해 있기 때문에 속인들은 이해하지 못하는 게 아닐까. 한 가지 형식에 얽매이지 않는 서법을 고색창연한 가운데 아리따운 자태를 풍기는 신품神品 이기에 속인들은 이해하지 못한다. 또한 긴 읊조림으로 슬픔을 노래하는 유희삼매 속에서 인생을 통찰하는 문학작품들은 속인들은 이해하기 쉽지가 않다. 내가 기쁜 것은 우리 수묵화의 작품 읽기는 재미를 더해줄 뿐만 아니라, 이 뛰어난 예술의 전체를 이해할 수 있는 보다 넓은 사회적 역사적 배경을 제공해 주기 때문이다.

가장 본격적인 의미에서 아인雅人과 속인은 손을 맞자고 이해와 소통에 이르는 것이다. 이 얼마나 감격스러운 일인가. 그렇다면 문지기 노인의 의기양양한 웃음소리를 듣게 한다면 그는 어떤 감상을 토로할까.

이는 깨달음에 있지 가르침에 있지 않다. 그럼 어떻게 그것을 전할 수 있겠는가. 그런 까닭에 가르치는 스승의 책임을 깨달음을 얻게 하는데 있으리라.

하늘도 눈이 있고, 이 세상에도 결국 천리마로 알아보는 빙고가 있으리라. 마음이 표현하고 싶은 모든 것이 종이 위에서 뿌려졌다. 왠지 내 마음도 덩달아 편안해졌다. 예술이란 정말로 신기하다. 예전에 나도 수묵화에 마음이 끌려 전시장에 얼굴을 내밀긴 했지만, 그것은 어쩌면 나의 치부를 드러내는 것 같아 중도에 붓을 놓고 말았다.

이 세상 한 송이 꽃만으로도 셀 수 없는 인생의 숨겨진 의미를 표현 할 수 있는 삶의 참 모습. 과연 지인은 평생 가슴 속에 무슨 꽃을 피우려 했을까. 석가모니는 대중에게 한 송이 꽃을 들어 보였을 때 가섭존자가 빙그레 웃음을 머금었다. 석가모니의 법문은 더 이상 이심전심으로 말이 없다. 나는 문지기 노인에게 하직 인사를 하고 전시장을 나왔다.

새벽의 산책길에서 피어오르는 물안개를 보는 날에는 왠지 그때 만난 노인을 새롭게 만나는 듯하다. 어떻게 이웃집 처녀를 구슬려 입맞춤을 했는지를 떠올리면서…….

덧셈의 변

며칠간 머릿속이 참을 수 없이 아팠다.

처음에는 너무나 사소한 일들이었다. 계모임에 친구의 배려를 생각지 않고 일방적으로 장소를 정하여 통고하여 오라 가라고 하는데 그만 짜증이 났다.

어떤 친구는 카스테레오를 도난당했는데 고작 그걸 훔치겠다고 자동차를 박살냈다. 이런 일들이 자신을 힘들게 한다고 생각한다.

도대체 무슨 일이 우리를 힘들게 한다고 생각하는가. 어른들은 늘 더하기에 바쁘다. 사랑이 결여된 권력, 명예, 재산 등을 보태려는 욕망의 덧셈이다. 뿐만 아니라 어른들의 세계는 비판적 성찰의 대상이다. 허영심이 많아 독단자로 살고 자신을 칭찬하고 찬미하는 말, 이외에는 들을 줄을 모른다. 실업가는 숫자만 세고 있다. 소유의 욕망에 사로잡힌 어른의 상징이다. 보이는 것과 보이지 않은 것을 어른들의 세계에서 개인들은 자신의 존재 값을 입증 하지도 못하고 타인과의 진정한 관계도 맺으려 하지 않는다. 일상적인 의무와 눈앞의 이익에 눈이 먼 나머지 새로운 창조적 가치를 발견하고 추구하는 것에도 우리들은 게으르다. 이미 길들인 것 외에 아무것도 모른다. 왜 그런가, 보이는 것에 비해 보이지 않는 것의 중요성을 제대로 헤아리는 마음의 눈을 가지고 있지 않기 때문이 아닐까.

사람은 자기 기준으로 세상을 바라보는 법이다. 배고픔이 조미료가 되어야 하는데, 사람의 고통을 필요한 것 이상의 갈망에서 생긴다. 배고프지 않은데 먹으려면 음식이 맛있어야 한다. 그래서 좋은 요리사가 필요하게 되고 그를 고용하려면 돈이 필요하다. 자연 상태에서는 있지도 않은 욕망을 스스로 만들어 감으로써 사람들은 점점 욕구의 노예가 되어 가고 있다. 뭐가 본질적으로 중요한지를 잊게 만든다.

우리는 항상 누리고 있는 것보다 더 많은 것을 원하고 있다. 이전 세대보다 훨씬 더 부유한 삶을 살고 있지만, 마음은 더 가난하고 불행해질 뿐이다. 지혜 없는 논쟁은 골은 정작 넣지도 못 하면서 드리블만 화려하게 펼치는 꼴이 되고 마는 우리의 현실이 아닐 수 없다. 편리한 삶이 곧 행복한 삶이라 말할 수 없듯이, 우리의 최종적인 삶의 목적은 우리에게 인생의 진정한 나침판을 찾는데 있다.

우리는 영혼의 질병에 너무나 시달리며 살아간다. 두려움, 질투, 분노, 후회, 슬픔, 시기…. 나는 지금 무엇 때문에 이렇게 힘들어 하고 있는 것일까. 우리의 삶이 힘들고 불안하게 만드는 것은 정념情念이 불렀다. 이것은 나의 마음속에 있는데 자꾸만 밖에서 찾으면서 원망과 시기를 되풀이 할 뿐이다. 노화가 가난을 악이라고 생각하는 우리 자신의 판단이 우리를 불안에 떨게 한다. 약이 혀에는 쓰지만 몸 전체에 좋은 것은 선한 것이면, 몸의 부부인 혀도 좋은 것 아닌가. 내가 겪는 사건들이 나에게 고통스럽고 나쁜 것으로 여겨질지라도 우주 전체의 섭리적 역사를 위해서 의미 있고 좋은 것이라면, 그것들은 나에게도 좋은 것이다.

우리들은 작은 것에 탐닉하고 작은 것에 분노한다. 일상생활과 주변 사람들에게 너무 쉽게 상처를 받는다. 자신의 상처받음 자체에 집착함으로써 스스로 그것을 더 큰 상처로 만들어 버린다. 우리의 자아가 좁쌀만큼 좁기 때문이다. 좋은 정신을 지니는 것만으로 충분치 않으며, 그것을 잘 사용하고 실천하는 것이 더 중요하다. 소유하는 것이 아니라 올바르게 활용해서 이것을 토대로 잘 행동함으로써 후회 없고 만족한 삶을 살아가는 정신의 중요성이다.

나는 그 동안 더하기에 너무 정신을 팔고 살아 왔나 보다.

휴~ 하고 숨을 한번 몰아쉰다.

그 순간 마음이 후련해진다.

환절기

멋모르고 살아 온 날들이다.

주위는 항상 따스한 이웃들의 손길이 있었기에 활기차게 발돋움질하며 걸어 갈 수 있었다.

갑작스럽게 찾아온 예기치 않은 손님을 어떻게 맞이하고 잘 떠나보내야 하는가가 늘 우리의 커다란 숙제다.

장례식장에서 슬픔을 보내야 하는 순간, 나의 인생을 그때야 뒤돌아보게 한다. 더 풍요롭고 아름답게 사는 비결은 무엇인가. 몇 달을 멍하니 지내다 새로운 환절기를 알게 된 것인가. 자연의 환절기에 대비하듯 인생의 환절기를 준비해야 하는 시점에 왔다는 느낌이 나를 만나게 한다. 나태주 시인의 시에

'내려올 때 보았네, 올라갈 때 보지 못한 그 꽃'

이라고 노래한 인생에서 실현하려면 인생 후반은 허우적거리지 말아야 하겠다는 요즈음의 심정이다.

자연은 순환하면서 이채로운 정도로 다양한 모습을 연출한다.

봄에는 무한한 가능성을 지닌 연녹색 싹을 띄우고 여름은 가고 왕성한 성장의 기운을 대변하는 크고 짙푸른 잎사귀를 빚어낸다.

가을에는 풍성한 수확을 선물하고, 겨울에는 새로운 도약을 위해 묵은 찌꺼기를 벗어 버리는 과감함을 보여 주지 않는가.

자연은 다음 계절의 임무를 다하기 위해 지금 계절에 충실한다. 그러나 계절은 계단처럼 환연히 구분되지 않고, 시작점을 알 수 없는 원처럼 이어져 있다. 그럼에도 불구하고 일정 시간이 지나면 전혀 다른 모습으로 변한다. 변하는 모습을 보여 주지 않는데, 결국에는 변하고 마는 이것이야 말로 자연의 경이로움이다.

계절 변화의 특정 시점을 알려 주지 않는 자연의 비밀주의 탓에 인간은 그 일정 시기를 환절기라 부르고 우회한다. 그러면서 그 시기를 다음 계절을 준비하는 기간으로 잡는다. 특히 따스한 기운이 전혀 반대 성질인 차가움으로 변하는 환절기에는 더 많은 준비를 한다. 장 담그기, 겨울옷을 준비하고, 바람구멍을 막는 등 월동 준비에 정신을 쏟는다.

요즈음에는 독감 예방 주사가 환절기의 중요한 행사로 자리 잡았다. 유행성 독감이 유행하고 예방 백신이 부족할 때면 언론에서 가만히 두지 않는다. 자연에 환절기가 있다면 우리에게도 인생의 환절기가 있다.

나의 환절기는 어느 쯤일까. 사람도 봄날 연한 새싹처럼 무한한 가능성을 지닌 채 태어난다. 질풍노도와 같은 청년기를 거쳐 사회와 가족을 떠받치는 기둥으로 자란다. 무성한 나뭇잎이 뜨거운 햇빛으로부터 우리 인간을 보호해 주는 것처럼 장년기에 접어들면, 그동안 쌓아 둔 다양한 경험을 후배들과 사회에 나눠 주는 원숙한 인격체로 자리매김한다.

문제는 이때부터다. 인생도 자연처럼 환절기에 접어들기 때문이다. 가족과 사회를 위해 헌신하던 첫 번째 인생을 보내고 이제 자신을 위한 제2의 인생으로 접어드는 시기가 바로 인생의 환절기다. 자연의 환절기가 따스함에서 차가움이라고 전혀 새로운 성질의 세계로 접어드는 시기이듯, 인생의 환절기에 역시 그 이전의 시기와는 매우 다른 세상으로 전환하는 기간이다. 이 환절기를 성공한 인생은 행복한 인생으로 가는 징검다리라 할 수 있다. 그 만큼의 이 시기를 어떻게 보내느냐는 매우 중요하다. 그러기 위해선 이 시기를 정확하게 이해하고 나를 철저히 준비해야 한다.

솔개의 수명은 70년 정도다. 40년은 그렇게 날카롭던 부리와 발톱은 물론이고 윤기가 자르르 흐르던 깃털마저 모두 낡아 제 기능을 하지 못하는 40년이 되면, 약 6개월 동안 부리와 발톱을 바위나 나무 등에 부딪쳐 없애는 고통을 참아 내어야 한다. 아직도 남아 있는 30년을 위해서는 새로운 부리와 발톱과 깃털이 필요하기 때문이다.

그런데 우리는 어떠한가. 인생의 환절기가 코앞인데도 남의 집 불구경하듯 딴 일에 여전히 정열적이다. 인생의 환절기에 근접 했거나 이미 접어든 40대와 50대가 교육과 결혼이라는 자녀 뒷바라지의 수레를 밀기 위해 땀을 뻘뻘 흘리는 모습이 그 대표적인 예다. 그러면서 정작 자신을 돌아보는 것에는 막연할 뿐이다. 이를 보고 있노라면 우리는 본질적으로 우리 자신에 대해 낯선 손님처럼 생각할 뿐이다. 아직도 남아 있는 30~40년이 장밋빛 인생일까 반문해 본다. 자기 자신에게는 절망이 피해 갈 것, 같은 환상 속에서 어영부영 하루를 보내는 어리석음이다. 이제 과거의 나를 버리고 먼저 정서적인 면에서 과감한 변신이라는 처방전을 손에 들고 왕년의 나를 위하여 끝없는 시간의 늪을 건너야 한다.

제2의 인생이 요즈음 대단한 걱정스러움이다. 이것을 등산에 비교하면 과거에는 오르는 일이 완만하고 길었다면 내려오는 길은 짧고 가파른 반면에 지금은 내려오는 길이 오르는 길 이상으로 완만하고 길다.

무엇보다도 인생 후반의 광대한 시간의 늪에 빠져 허우적거리지 말아야 한다. 그 많은 시간을 내 편으로 만드는 자만이 인생의 꽃향기로 피어날 것이다. 인간 역시 동물인 이상 생존을 위해서 일정 수준 이상의 재정적 기반이 필요하다. 은퇴 후의 필요한 돈을 마련하기 위해 사람들은 쓰고 싶은 욕망을 꾹 참고 돈을 아낀다. 문제는 모았다 끝나는 것이 아니라, 그 돈이 죽을 때까지 고갈되지 않도록 잘 관리하는 것이다.

돈이 남느냐, 내가 남느냐의 경쟁에서 네가 져야 한다. 왕년의 나를 버리는 것을 명심해야 한다.

"흘러간 것은 가고 과거의 것은 온다."

는 하이데거의 말처럼 인생의 환절기를 어떻게 보내느냐가 그 이 후의 긴 여생을 좌우할 뿐이다.

제2환절기는 인생의 그림자임을 생각한다.

체면이라

역사책을 덮는다.

머릿속이 온통 피 비린내로 가득하다. 나라가 버린 여인들을 만난다.

무시무시한 살육과 살상의 한가운데서 국난國難을 자신의 몸 하나로 감당해야 했던 그때의 연인들. 만약 그 시절에 태어났다면 과연 나는 어떻게 되었을까. 아찔하다.

정묘호란이 만든 환향여還鄕女가 화냥녀으로 바뀌는 어처구니없는 단어를 만나고 있다. 낱말 중에 원뜻은 좋은데 뜻보다 나쁘게 사용되는 야단법석野端法席이 그렇다. 사대부중을 모아 놓고 스님들이 설법을 하는 것이 시끄럽다는 말로 지금껏 사용되고 있으니 말이다. 그것 뿐인가. 우리 정치의 짧은 생각이 만든 어처구니

없는 노블레스다.

명나라가 망하고 청나라가 집권하는데도 우리는 무슨 놈의 의리를 지킨다고 없는 나라를 섬긴다고 여념이 없지 않았는가. 그러니 청이 조선을 치고 조선의 여자들을 50만여 명이나 붙잡아 다시 환불하는 만행이 이렇게 참혹한 일이 되고 말았다. 포로가 된 어머니, 아내, 딸을 돈을 주고 찾아오는 일이 어떠했을까. 그렇게 해서 고향으로 돌아온 여인들을 환향녀라고 반겼다.

그렇다. 그 기쁨도 잠시 나라에서 환향녀가 절개를 잃은 훼절자毁節者라고 내쫓아도 된다고 명을 내렸다. 힘없는 백성은 나라와 문중의 압력으로 아내를 화냥년이라 부르며 몰아세우지 않았는가. 국가적 재난 속에서 오가는 철없는 명분 싸움에서 희생되어야만 했던 힘없는 약자들의 슬픔 사연이다. 무엇이 인륜이며 또 반인륜적인가.

지금 우리 사회의 단면을 보면서 반문해 본다. 우리의 전시 작전권 문제며, 고속 전철, 도룡뇽 문제, 쇠고기 파동문제, 세월호 문제 등이 우리를 새롭게 만나게 한다. 명분과 실리를 조화 시키지 못하고 있는, 지금의 현실에 경종을 울리고 있지 않은가. 되풀이되는 역사 속에서 우리 사회 지도자들은 지금 무슨 생각 중인가. 국민 한 사람의 안위를 세심히 살피며 가지 않으며 우리도 어떤 재난에 처하게 될지 모른다는 과제를 던져 준다. 사람은 어려운 때

일수록 절망하지 않고 더 큰 희망으로 열심히 노력해야 하건만, 참으로 긴 세월이 잔잔히 먹먹히 흐른다.

시조시인 임제가 평안도 관찰사로 부임길에 송도에서 황진이 무덤에 술 한 잔에 올린 것이 화근이었다. 체통을 구겼다고 그것도 양반이라는 이유로…. 파면을 당하고 돌아설 때의 임제는 무엇에 분노 했을까. 그래도 지금껏 우리 가슴속에 불러지는 멋진 시조는 영원히 빛나고 있다

청초 우거진 골에 자는 가, 누웠는가.
홍안은 어디 두고 백골만 묻혔는가.
잔 잡아 권할 이 없으니 그를 슬퍼하노라.

가면을 벗어 던진 자유인으로 영원토록 우리 가슴에 힘을 실어주는 멋쟁이다.

그 뿐인가, 청 황제가 삼전도에서 조선 임금에게 아홉 번이나 고두를 하여 용설을 받았다. 생각해 보라, 청 황제가 9층의 단에 높이 앉아 우산을 펴 놓고 떡하니 앉아 있는 자리에 머리를 공손이 조아리고 있던 그 모습을 상상해 보라. 그 처참함이란 어떻게 표현 할 수 있을까. 그때 화냥년이라고 했던 말을 세삼 후회하지 않을까. 삼전도비는 어떻고, 이들의 고난을 만든 자는 누구이며, 고

난을 풀어 준 자는 누구인가.

고난을 만든 자들은 잘못을 느낄 줄도 모르고, 느끼려고 생각도 하지 않으면서, 자기들만 고고한 채 여자들을 화냥년으로 몰아세우는 기막힌 우리의 그때를 엿본다.

효부만을 내세우며 형식에 얽매여 은혜도 모르는 꼴불견이다. 가문을 빗대고 오직 여인들만 정조를 지키라는 헛된 규범閨範의 참담하던 세월을 어찌 잊을 수 있단 말인가. 내가 이때까지 헛된 것에만 매달려 살지 않았을까.

'두 사람이 힘을 합하면, 세 사람 몫을 하고, 세 사람이 힘을 합하면 열사람 몫을 한다.'

고 농사일을 하던 어머니의 말이 귓전에 닿는다.

지금도 우리는 행복한 페미니즘에 대해 끝없이 토론하고 있다. 여성은 딸이며 동시에 어머니이다. 우리 어머니들이 상징하는 무거운 과거에서 벗어나고 몸부림쳐 온 것은 모두를 위한 헌신 아닌가. 어두운 시절에도 삶을 사랑하고 강인함을 믿은 그들이 있었기에 우리가 여기까지 올 수 있었고 우리의 삶이 이처럼 풍요로웠다.

이 세상에 대한 따뜻한 눈길과 가슴으로 암흑의 그물을 던져 버리면 좋겠다.

부산 동래에 있는 세병교를 건널 때 마다 전쟁의 아픔을 새롭게 만나게 한다.

인쇄되지 않은 책

매미소리 조차 무덥게 느껴진다.

정지된 세상을 이렇게 만나는 올 여름의 진풍경이다. 더위에 지쳐 꼼짝도 하기 싫은 데 무엇이 저리 좋아 신바람 나게 노래를 할까. 그래도 새벽의 풀벌레 소리는 한 낮의 더위를 씻어 주는 청량제 역할을 톡톡히 해 준다. 이러다 나 스스로에게 반문한다. 얼마나 방대한 책들이 우리 주위에 널부러져 있는가. 참새 떼가 조르르 나뭇가지에 올랐다가 구슬처럼 도르르 날아간다. 샛노란 부리를 가진 새끼들이 날아 보려고 연습이 한창이다. 새들의 소리는 서로의 합창연습 같다. 갈매기의 발자국이 모래위에 문향을 그린다. 어김없이 절기에 맞추어 들려 주는 풀벌레 소리가 가을을 알려주는 전령사다. 우리는 지금 너무나 많은 소중한 것을 잃어 가고 있다. 귀머거리가 되어 가고 있을 뿐이다. 무거운 주위의 차 소리, 정제되지 않은 소리로 마음이 마비되어 가고 있다. 현대병에 걸려서 자신도 무딘 인간으로 변화하여도 모른다. 매미의 소리가 차츰 엇박자가 되면 또 다시 풀무치의 몸짓이 풀 속에서 손짓한다.

풀들과 꽃들이 모두 '길'을 가르쳐 주고 있다.

들어 보라! 보아라!

이런 것들이 바로 인쇄되지 않는 책을 읽는 방법이다.

두 돌을 보낸 손자 녀석이 자꾸 밖으로 나가자고 한다. 세상이 온통 신기하고 신바람이 난다. 자연에서 만나는 흙 속의 개미와 지렁이, 널려진 꽃잎을 그는 친구로 맞이한다. 어미는 위생상 나쁘다는 이유 하나 만으로 그 수많은 자연의 인쇄되지 않은 책을 읽는 방법을 가르쳐 주지 않으려고 야단을 친다. 자신도 그렇게 커 버린 것이 어쩌면 나의 잘못된 교육법이 아니었나 싶다.

유명한 모차르트의 음악은 그가 거닐었던 오스트리아 잘츠부르크의 카프치너베르크 숲에서 나왔다.

악성으로 불리는 베토벤이 저 유명한 6번 교향곡 〈전원〉도 그가 거닐던 숲에서 나왔다. 천재는 자연의 숲에서 나오지 빌딩 속에서 나오지 않았다. 문인들의 출생지도 공통적으로 시골이나 바닷가가 대부분이다. 성장은 점차로 이루어지지만 깨달음은 순간적이다. 아이가 자라 어른이 되듯 봄이 가야 여름이 오고 가을이 지나야 겨울이 오는 법이다. 사람들은 왜 봄에 여름을 찾고 가을을 건너 뛴 채 겨울을 찾는지 모르겠다. 흙은 산은 아니지만, 흙이 쌓여 산을 이루고, 물이 못은 아니지만 물이 고여 못을 이루는데 우물에서 숭늉을 찾는지 모른다.

구두 밑창을 뚫고 고통을 주는 거친 자갈 위의 침묵을 밟으면서 철로를 따라 걸었던 옛 일들이 새삼 눈앞에 밟힌다.

회색빛 도는 커튼이 펄럭일 때 속옷 차림의 몸짓이 살짝 보였던 그런 모습. 두려움 없는 목소리의 흔들림. 어머니의 정맥이 놀란 푸른 벌레처럼 펄럭거린 모습. 임종을 기다리는 외삼촌의 심장이 제멋대로 뛰고 불규칙함에 말이 쏟아졌다 멈추었다 했던 모습들. 모양 없는 검은색 고무줄 바지의 비틀어 꼰 옷깃의 셔츠, 머리 가락은 모로 누워 잠을 자다 일어나서 거울을 보지 않은 것처럼, 한쪽이 납작해진 남편의 뒷모습. 눈동자에 눈물이 고여 있는 어린 동생이 밤잠을 설친 나른한 얼굴. 안개 같은 혼돈 속. 길가에 놓였던 날카로운 돌멩이가 부드러운 곳에 던져진 것처럼, 아버지의 질책이 내 생각 속에서 메아리친다. 새벽 호수에 피어나는 물안개. 그 속에 바쁜 입질을 하는 고기들의 움직임. 청동 오리가 물살을 가르고 떼 지어 헤엄치는 새벽의 정경은 삶의 활력소다. 아무도 모르게 오고 싶은데서 왔다가 가고 싶은 곳으로 가는 바람. 이유 따윈 설명 할 필요가 없다. 마음대로 방향을 바꾸는 바람처럼, 다음 날이면 생각이 달라진다. 새들은 사냥꾼과 큰 새들에게 쫓겨 다니기 일쑤고, 바람은 회오리바람에 사로잡혀 주변의 모든 것을 파괴하기도 한다는 사실이 떠오른다.

위험은 꿈을 현실로 바꾸려 할 때 따르는 것이다.

당장! 지금!

자연의 길은 사막의 모래 언덕처럼 늘 변화한다.

산이 변함없는 존재라는 생각은 틀렸다. 산은 지진으로 생겨나 바람과 비에 풍화되고, 우리가 알아채지 못할 뿐 매일 조금씩 늘 같은 상태로 있지 않아서 좋다.

나무는 겨울에는 헐벗고 여름에는 옷을 껴입고 살아간다.

새들과 바람이 씨앗을 퍼트리므로 나무는 원래의 자리를 벗어나 딴 곳으로 옮겨 간다.

자연은 우리에게 변화하라고 말한다.

아무리 의심이 생겨도 아무리 비난을 받아도 위험에 처해도 멈추려 하지 않는다. 마음 안에 두려움이 설 자리가 점점 좁아지면 새로운 길에 대한 두려움은 점점 사라진다. 어려움은 우리가 누구인지를 알게 해주는 오래된 이름이다.

나는 인쇄되지 않은 책을 만나기 위해 새벽의 산책을 놓치지 않는다.

사진 속으로

내 책상 위 벽면에는 다양한 사진들이 붙여져 있다.

가슴 깊은 곳에서 건져 올린 연민의 아름다움이다.

마음이 허기지고 메마를 때 사진으로 마음을 달랜다. 사진은 인간이 찍되 사진을 통해 그 감동과 진실은 신의 선물 아닐까. 그 만큼 신과 자연이 가까운 게 사람이다.

사진 속에서 나는 한 마리의 새가 되었다. 몹시 추웠던 겨울이었다.

텅 빈 들녘 바람이 높이 불던 날. 하늘 멀리 날아올랐다. 가는 날이 장날이라고 남녘에 내려갔던 길 위에 서서 하늘을 향해 두 손을 펼쳤다. 쏟아지는 날갯짓 소리. 그리움이 닮았다. 가슴 속에만 사는 그리움…….

나그넷길 함께 가는 당신이 있어 고맙다. 그 길마다 앓고 함께 가는 당신을 사랑한다고, 귀향하는 겨울새들이 마중 온 것 같다. 추수가 끝난 뒤에 다시 만날 수 있는 흑두루미가 해 저문 간월로 모래톱에 내려앉았다. 초승달 목성은 언제 나왔을까. 먼 길 떠날 흑두루미와 작별 인사하려고 나왔을까, 동해로 해돋이 여행을 떠나, 일출도 보고 서로 위로하고 격려하는 시간이 얼마나 남지 않은 소중하고 간절한 시간이다.

언제까지 내 곁에 있을지 모를 친구 지인과 나란히 사진을 찍었다. 희망처럼 떠오른 붉은 해를 향해 가슴을 열었다. 일찍 일어난 새가 기지개를 켜며 해맞이를 한다. 붉은 기운이 온 몸으로 스며들었다. 사진은 보이지 않는 것을 보이게 하는 마력을 지니고 있는 듯하다.

한 마디로 말하면 조화로운 것이다.

사진이 주는 느낌은 대단하다. 어느 날 청소를 하다 책상 뒤쪽에서 찾은 한 장의 사진을 만나는 순간, 수많은 추억 속으로 끌고 가는 힘을 지녔다. 잊고 있었던 일들을 들추어내며 한동안 그 속에 빠져 잠간 일손을 멈추고 한없이 황홀감에 젖게 한다. 잠깐 동안의 정적이 흐르면서 이것이 삶을 즐거워지게 만든다. 위로와 즐거움을 함께 하는 고마움이다. 옛 가정에는 마루 위쪽에 누가 시킨 것처럼 가족사진이 우리나라 태극기를 걸어 두듯 걸려져 있었다. 그것은 그 집의 가족사를 한눈에 볼 수 있었다. 먹고 사는 문제가 늘 진지

한 만큼 행복과 즐거움을 제공해 주는 소중함과 그리움이다.

요즈음은 태아胎兒까지 사진으로 찍어 보여 주어 궁금증이 없는 시대가 되었다. 성별은 물론 누구를 닮았는지 어떤 질병이 있는지를 사진으로 볼 수 있다. 기다리는 설레는 마음과 호기심의 시간을 빼앗아 가는 느낌도 없지 않지만, 그것에 맞추어 이름과 옷도 준비하는 편리함이다.

그렇게 보물처럼 집안의 가보라는 사진기가 옛 유물이 되어 버렸고, 너무나 쉽게 찍는 스마트 폰은 이제 눈 뜨고 손놀림하는 정도의 3세~4세면 사진을 척척 찍는 시대가 되었다. 금방 찍어 바로 어디든지 전송할 수 있으니 빠름 빠름이다. 그래도 사진관에서 증명사진 찍어 입학원서에 붙였던 그 사진의 의미가 얼마나 값진 것인지 요즘 세대는 그 맛을 어떻게 알 수 있을까.

지금도 잊을 수 없는 사진은 대학시절 지리산 기슭 농촌 마을에 계몽 갔을 때다. 우표 크기의 사진을 현상하여 사진만 보고 다음에 찾아오겠다고 주인과 약속했지만 찾을 돈이 없어 때를 놓치고 말았다. 몇 번이나 그 사진을 찾아갔지만 끝내 찾지 못하고 만 사진이 지금도 눈에 선하다. 어느 날 산길을 걷다가 연인이 사진을 찍어 달라고 하면 청춘 남녀의 얼굴은 찍지 않고 발목만 찍어 준 일들도 지금 생각하면 왜 그랬을까 하는 생각이 들기도 한다. 나도 모르게 그런 시절도 사진기가 있어 만날 수 있는 일들이다.

우리가 그런 일들이 풍부할수록 인생의 맛도 풍부해지리라.

손자 녀석을 데리고 거리를 나선다.

며칠간의 시간 여행이다. 어미는 며칠 간 떨어진 시간이 몹시 궁금하다.

"야! 저것 좀 봐! 장관이야, 정말 멋져."

이렇게 대화를 나누면서 사진을 찍으면서, 다양한 표정을 스마트 폰에 담아 바로 어미에게 보낸다. 금방 답신이 온다.

"뭐지?"

"굉장해요, 놀라워요."

"평생 처음 보는 광경이야."

"신의 창조물이 과연 위대 하구나 어머나. 어떻게 저럴 수 있어."

꿈엔들 잊을 수 있을까. 처음 자식을 떼어 놓은 어미의 마음은 염려와 아쉬움이다. 나도 그랬으니까. 몇 장의 사진을 보내 주는 순간 그동안의 궁금증이 확 풀어지는 순간이다.

이렇게 사진을 찍다 보면 표정도 사뭇 다르다. 아이는 풍요로운 감정의 소유자가 된다. 이렇게 며칠이 가고 그 놈과의 이별은 사진 속에서 우리의 만남으로 이어진다. 이런 모습들을 액자로 만들어 보낸다. 지금도 나는 사진 속에서 그리움을 좇아가고 있다.

좋겠다

출출하다. 그렇다고 정식을 먹기는 좀 그렇다.

먹기는 먹어야 하는데 마음의 허기도 함께 발동을 한다. 문득 떠오르는 얼굴이 나를 손짓한다.

"동생아!"

하며 우연히 만난 시장통 골목길에서 칼국수 집으로 손목을 당기며

"이래 봐도 맛은 최고인기라."

하며 너털웃음에 꼭 맛을 보여 주겠다는 그 정성에 이끌려 손치례도 하지 못하고 말았다.

오늘따라 다정한 미소가 더욱 나의 시장기를 부른다.

"이 봐라! 동생아."

하며 사촌오빠는 비싼 것은 못 사주어도 이것은 얼마든지 사 줄 수 있다며 언제든지 전화 하라든 목소리가 귓전에 맴을 돈다.

나는 신들린 사람처럼 점심때의 복잡한 시장통 골목으로 오빠가 기다리고 있다는 착각 속에 마음이 앞장을 선다. 시끌벅적한 시장통 가건물 국수집은 잔칫집이다. 주문받는 아가씨는 앉기가 무섭게

"칼 하나요. 냉 하나요."

하면서 물 컵이 출렁인다. 오라버니와 함께 먹던 칼(칼국수)한 그릇 시켜 놓고, 천정에 매달린 선풍기 회전에 간간이 등줄기 땀을 날린다. 기다리는 칼은 언제 나올지 오늘따라 시장기를 더하고 우두커니 앉아 마주했던 그때 그 자리에는 머리 맞대고 먹는 연인의 젓가락질은 입가에 웃음꽃이 핀다. 나의 졸작에도 멋진 동생이 자랑스럽다며 등 토닥여주던 생각이 더 간절하다. 아직도 오빠와 앉았던 그 온기가 김이 솟는 큰 가마솥 속의 면발은 바쁘게 몸을 뒤척이다, 갑자기 찬물 세례에 정신을 차리고, 이제야 쫄깃쫄깃한 칼국수로 손님의 입맛을 탐한다. 나도 언제쯤 저런 면발처럼 독자들의 가슴을 울리는 작품성으로 다가갈 수 있을까.

이런 상념에 젖어 있을 때 코앞에 뜨거운 김이 입맛을 훔친다. 큰 양은그릇에 면발과 파란 쑥갓 쏭쏭 썰어 부추 함께 어울린 고명에 고춧가루, 깨소금, 참기름, 사이좋은 오누이처럼 뜨거운 멸

치국물을 듬뿍 부은 국물 맛이 일품이다. 나는 그 옛날 먹었던 그리움까지 건져 올리며 국물까지 쭉 들이킨다. 그렇게 입맛을 당겨주던 그 맛도 이제 점점 불어 터진 면발이 입안에 맴돌고, 젓가락을 놓으면서 이게 아닌데, 이 맛이 아닌데 입가에 맴도는 입맛을 쫓는다. 저 가마솥 열기에 면발이 익어 갈 때, 막 제를 끝낸 오빠의 마지막 유품이 저 불길 속에 사위여 간다. 조금만 더 기다려 주었다면, 이제 나도 국수 한 그릇 대접 할 여유로움은 있었건만, 무슨 일이 그렇게 바빠서, 나의 코가 석자라고 이것 다 하면 시간이 저절로 기다려 주는 줄 안 어리석음이다. 덜 자란 아이처럼 들판을 휘젓고 다니며, 흐르는 강가에 오두막 같은 별장하나 지어 만남을 하자든 기억이 손짓한다. 지금껏 써온 허위 글들도 응원 해 주던 오빠의 박수 소리에 깽깽이 춤을 추 듯 속 알머리 없이 우쭐되며 보낸 그 시간들이 그래도 오빠의 칼국수 한 그릇에 얼마나 신바람이 났는지 모른다. 이제 바람 빠진 풍선처럼 그래도 칼국수 먹든 그 시절이 있어 얼마나 좋았는지 모른다. 오빠는 인정 있는 칼국수로 기억되고, 나는 무엇으로 기억 되려나.

책이라도 보내준 사람이라고 누군가의 가슴에 기억되면 좋겠다.

바탕 표정

나는 거울을 보면서 한번 '씨-익' 웃어본다. ㅋㅋㅋ ㅎㅎㅎ

권태기에 접어든 시간들에 대한 시들어 버린 세포에의 노화를 막는데 좋다는 웃음 치료사의 말을 떠올린다.

지하철에서 마주 앉아 바라보는 사람들의 얼굴 표정은 너무나 무표정한 사람들로 가득하다. 이런 표정을 거울로 비춰 보이면 깜짝 놀랄 것이다. 대부분 사람들은 틀림없이 자신들은 모르고, 그 퉁명스럽고 시름 가득한 얼굴을 보면 자신이 아니라고 부정할 것이다. 무표정한 순간에도 미간에 긴장 가득한 주름이 잡히고 입고리가 추를 매단 듯 쳐져 있다면, 그것은 걱정거리에 너무 신경을 썼고, 인생에는 별로 신경을 안 썼다는 증거다.

웃는 얼굴, 그냥 아무렇지도 않는데도 울상을 짓고 있는 얼굴도 있다. 잠깐 딴 생각을 하고 있었을 뿐인데도…….

"화났어?"

라는 말을 자주 한다. 그러면

"화가 난거 아니라는데 왜 자꾸 그래."

이런 사람에게 말을 걸거나 무엇을 부탁하기는 더 어렵다.

"무슨 좋은 일 있어."

"응 뭐 특별히 좋은 일은 없지만…."

"왜."

이렇게 밝게 웃는 얼굴은 알게 모르게 늘 좋은 일이 있는 사람이라는 인상으로 기억된다. 가끔 전화로

"어떻게 지내니?"

라는 물음에

"그저 그렇지."

라는 대답은 정말 힘 빠지는 말이다. 예전에 나의 인생을 결정하는 일에 정말 믿었든 상대에게 그런 말을 듣고 그냥 지나친 일이 지금 생각하면 너무나 소중한 일을 망쳐버렸다는 생각을 지금도 하게 된다. 이제 그런 어정쩡한 그런 말은 그만 두어라고 하고 싶다. 좀 더 명랑한 삶 속으로 뛰어 들어 아이처럼 첨벙대며 즐거워라. 멋지게 놀아라. 감동하면서 우리의 얼굴에 생생한 삶의 증거를 만나게 하라. 어떤 사람과 마주한다는 것은 그 사람을 감싸고

있는 자기장과 맞선다는 것이다.

운동선수가 '기' 싸움을 하는 것도 이미 보이지 않는 몸으로 부딪쳐 싸우는 과정이다. 누군가에게 압도당하는 느낌이랄까. 왠지 끌리는 느낌을 받을 때면 그것은 나보다 에너지 레벨이 높은 사람의 자기 장속으로 빨려 들어가기 때문이다. 그러기에 우리는

"파이팅!"

이렇게 서로에게 힘을 보태 줄려고 하는 것이다.

몇 년 된 집안의 벽지 색을 선택하면서 문득 내 얼굴의 표정을 생각했다. 어떤 색으로 바탕색을 만들까. 이제 너무 점잖은 색은 좀 밀쳐두고 밝고 산뜻함이 배여 있으면 좋겠다는 마음이 앞선다. 무엇을 주어도 시큰둥한 모습은 더 이상 우리를 위해 뜨거운 피를 흐르지 않게 만들 뿐이다. 어른들의 표정은 웃거나 울거나 찡그리거나 말을 하는 시간보다 무표정한 시간이 압도적이다. 그렇게 길들게 만들었다. 무조건 어른은 점잖아야 한다고…. 그런 얼굴을 하고 있는 게 대부분이다. 사람들이 기억하는 우리의 이미지는 바로 우리가 잘 모르는 그 무표정이라는 얼굴에 놀라지 않을 수 없다. 주는 것 없이 마음이 동요 되는가 하면, 괜스레 피하고 싶은 사람도 있다.

방긋 웃는 아가의 얼굴은 보는 것 자체만으로 무엇인가 기쁨을 안겨 준다. 우리가 아직도 머릿속에서 그리는 모습은 백마 탄 왕

자를 찾아 웃음과 따스함을 만나기 위한 자신들의 이상향이 아닐까 싶다. 호탕한 웃음과 몸짓으로 조카들에게 꿈을 실어준 우리 키다리 외삼촌이 새삼 그리워지는 것은 무엇일까. 참 많이도 집안의 어른에게 걱정을 끼친 일도 많았지만, 그래도 미워 할 수 없는 것은 언제나 환하게 웃음으로 코를 실룩거리면서 힘든 분위기를 웃음으로 감싸준 그때를 지금도 잊을 수 없는 얼굴이다. 생각할수록 웃음이 난다. 자신의 삶속에서 떠올려 지는 얼굴로 웃음을 만나게 할 수 있는 것도 어쩌면 큰 행복이라는 느낌이 든다. 우리들에게 웃음을 전하는 오락프로에서

'웃으면 복이 와요'

라는 유년의 프로를 지금도 잊지 못한다.

나의 비춰지는 모습은 어떤 모습일까.

세수하고 난 뒤 거울을 보면서 다시 한 번 '씨익' 웃어본다.

그 순간 지나간 시간들이 나를 만나게 한다.

2 명품이다

명품이다

고급스러움과 특별함.

명품이라, 머릿속이 혼란스럽다.

'와르르' 쏟아져 나오는 짝퉁 가방들이 TV 화면을 어지럽게 한다. 그것을 보는 순간 내 눈으로 판단하기는 불가능이다.

대뜸 옆에 있던 딸이

"엄마 명품 가방 하나 사드릴까요."

하는 말에 어떨결에

"아니, 엄마가 명품이 되고 싶네요."

이것 어쩌나 무슨 수로 명품이 되겠다고 했는지…. 어떨결에 던진 말이다.

아이의 무거운 마음을 좀 내려 주고 싶은 엄마의 마음자리다. 친구들 모임에서 은근히 가방의 앞뒤를 슬쩍 어루만지면서 여러 사람의 눈길을 끌어당기는 자만감의 울림. 솔직하게 탐욕까지 거론하는 것은 좀 지나치다. 오늘 날 사람들은 그 어느 때보다 화려함을 꿰뚫어 보는 명품이란 것에 감염된 지 오래다. 욕망이 묻어나는 지저분한 단어가 아니라, 생존의 도구가 되어 버렸다. 이렇게 많은 요구를 다 충족시킬 수 없다 보니, 짝퉁은 활개를 치고 우리의 시야를 혼란스럽게 만들어 가지만, 그래도 그것 하나의 만남이 한 순간 몸값을 톡톡히 하는 효자 노릇이 되어 버린 지 오래다.

요즈음은 모든 것이 명품의 시대다.

영화관이며 미술관은 영화나 그림을 보는 것만이 아니고, 사람들에게 쉼터라는 여가를 제공해 주고 음료와 간식까지 선사한다. 세상에 가장 소중한 거래는 값을 얼마나 쳐 주는가에 따라 결정될 뿐이다. 아이가 나

"새 운동화가 필요해요."

하면 속내는 '나이키' 운동화를 갖고 싶다는 뜻도 들어 있다. 이만큼 메이커에 대한 몸값은 대단한 사람의 흥분제와 충족된 역할을 잘 대변해 준다.

가끔 TV에서 진품 명품 프로를 볼 때 행여 저런 명품 한 점 남겨둔 것이 없을까? 하는 마음으로 돌아가신 분께 누를 끼치는 마음도 떨칠 수 없다. 우연히 어머니께 여쭤 보았다.

"애야! 나는 얼마나 다행스럽고 고마운지 모르겠구나. 너의 외할아버지가 글을 가르쳐 준 덕택으로 불편 없이 살아 왔구나."

그 당시 구 남매 식생활도 해결하기 어려웠던 시절에

"아들, 딸 가리지 않고 학교에 보내 준 것이 얼마나 고마운지 모르구나."

라는 말에 나는 그 순간 가슴에 '꽝' 하는 소리가 들리면서 얼굴이 확 달아올랐다.

지금껏 무한한 물질과 정신을 받아 왔건만 오직 받는 것에 길들어진 마음을 한 동안 진정할 수 없는 부끄러움이었다. 그것은 늘 감사의 마음자리다. 어머니가 간직한 명품은 언제까지나 가슴 속에 새겨져 그 빛을 발하고 있었다.

삶이 어렵고 힘들 때는

"우리 어매, 아배 어찌 구남매 건사하였을꼬."

하시며 오히려 자신을 책망 하듯 반듯한 삶을 살다 가셨다.

사회의 지식층으로 부모님의 도움으로 살아온 나 자신의 얄팍한 생각에 오만으로 점철된 그런 시간이 얼마나 남에게 비아냥스러운 모습으로 다가 섰을까 싶었다.

세상에서 가장 소중한 자산은 무엇일까. 이것은 바로 시간이 아닐까 반문해 본다.

낮이 길수록 하루의 길이가 짧아지는 것 같다. 이것은 우리가 나이를 먹어 가면 갈수록 전체 인생을 놓고 보면 일 년이라는 시간이 훨씬 더 작은 부분으로 보일 수밖에 없다. 그러니 일 년은 말 그대로 후딱 지나간다. 어렸을 때 하루는 하고 싶은 일들로 가득 찬 무척 긴 선물처럼 느껴졌다.

어른인 우리에게 하루는 눈 깜짝할 사이에 사라지는 물거품일 뿐이다. 어떤 일을 처리해야만 할 때 유일한 선택은 무엇일까. 과중한 업무 때문에 그런 것만은 아니다. 돈 걱정, 일자리 걱정, 혹은 21세기라는 불투명한 시대를 살아가면서 혹시 테러를 당하는 것은 아닐까 하는 두려움. 일상의 번잡함으로부터 빠져나와 편안히 누워 쉴 수 있는 시간을 제공하는 곳. 이것이 명품이 아닐까 반문해 본다.

신용 카드 한 장이면 시간이 부족한 사람에게 상당히 높은 심부름 서비스가 명품으로 자리 잡았다. 럭셔리라는 풍부한 잠재력을 가지고 세월과 함께 유유히 흐르고 있다.

눈에 튀는 과소비는 철 지난 유행이다. 지나친 소비는 이제 혐오감을 준다. 우리에게 보다 산뜻하고 더욱 신중한 면모를 보여 주는 품질이라는 말이 다시금 우리를 따스한 가슴을 만들게 한다. 너도 나도 진정성이라는 말을 입에 올리면서 참된 명품의 부활이 시작되었다.

나의 명품은 엄마가 손수 만든 수제품의 가치에 대한 새로운 발견이다. 이 세상에서 하나 밖에 없는 쑥색 털 조끼이다. 엄마의 장인 정신이 너무나 가슴에 울림으로 남았다.

안경 넘어 늦은 밤을 지새우면서 자신의 마음의 온기를 아무런 계산 없이 내어 주는 어머니의 자애로움이다. 진정한 최고를 가져볼 줄 아는 안목을 키우고 절제를 배우며, 엉뚱한 것에 흥청망청 돈을 허비하지 않는 태도로 키워진 그 정신이 아닐까.

미적 가치를 즐기는 기쁨. 기본에 만족하지 않고 섬세하게 인생을 즐기는 방법의 정신적 서비스다. 교양을 갖춘 사람이 그 진가를 알아보는 것은 우연의 일치라고 할 수는 없으리라. 우리가 아름다운 환경을 갈망하지 않고는 베네치아의 파리도 없으리라.

보석으로 치장한 수도꼭지, 황금 욕조를 명품이라 할 순 없지 않은가. 명품은 꼭 돈으로 측정할 수 있는 것은 아니다. 디테일로 말한다. 명품은 절대 우리의 멸시에 끄떡하지 않는다.

그 찬연한 빛을 잃지 않고 계속 살아 있는 것은 모성애다. 일상의 번잡함으로부터 빠져나와 편안히 누워 쉴 수 있는 여유로움의 근사함.

이것이 최고의 명품이 아닐런지.

야! 영화 쩐다

'야! 영화 쩐다. 그렇지, 개쩐다'.

재미있다는 젊은이들의 감상 속어 표현이다.

야, 영화 한편을 이토록 짧고도 간단한 감상으로 일축 해버릴 수 있구나. 하는 생각이다.

한국의 연간 극장 관객 수가 1억 이상을 돌파 해 2억 명을 향해 줄달음하고 있으니 말이다. 과연 우리는 영화에 대한 생각도 그만큼 풍성해지고 있는지 생각해 보게 한다. 영화가 시간 때우기 전용 오락이었던 게 어제 오늘의 일은 아니다. 하지만 영화를 통해 사색과 성찰을 도모하는 관객들이 1990년대 그런 관객들이 가장 많았던 때가 아니었을까. 반면 지금의 영화 보기는 즉흥적으로 원하는 감정을 구매하는 행위로 변질해 버린 느낌이다. 그러다 보니 영화 한 편을 놓고 연출자의 의도를 헤아려 보거나 영화가 담고 있는 세계관을 논한다는 게 어쩌면 바보 같은 짓이 아닐까 반문해 본다. 한 마디로 영화의 외형은 커졌으나 담론은 쪼그라들어 버린 시대로 접어든 것이다. 영화는 점점 더 거래 상품이 되어가고, 평론가는 점점 더 쇼핑 호스트로 전락해가고 있다.

영화가 거의 상영 시간 동안만 보고 마는 인스턴트식품처럼 대접 받는 시대에도 그런 영화들이 천만 명 이상의 관객을 모으는 시대에, 영화에 대해 이러쿵저러쿵 늘어놓는 말에 과연 얼마나 귀를 기울일 것인가 하는 호의가 쉽게 가시지 않는다. 그럼에도 '영화보기'의 행위를 넘어선 '영화읽기'라는 인문적 사유의 시도가 무효하다는 얘기는 아닐 것이다. 영화를 읽어 내려는 시도가 희소해진 만큼, 아니 그럴 수 있는 물리적 기회가 줄어들고 있다는 것은 오히려 그것에 대한 관객들의 갈증은 반대로 커지고 있음을 느끼게 한다. 대개의 영화 관람객들이 흔히

'영화를 사랑한다.'

고 두리 뭉실하게 말하지만, 좋은 영화, 나쁜 영화로 일축해 버린다. 영화를 논하는 객관이나 중립은 있을 수 없으며, 결국 관람자 또는 평자의 세계관이 불가피하게 개입될 수밖에 없기 때문이다.

영화는 우리들의 이야기다.

결국 사람 사는 이야기다. 의상 관리의 신기술, 얼굴 빠지는 건

용서해도 몸매 빠지는 건 용서 못하는 사람들. 감정이 메마른 사람들이 감정 자판기를 찾듯 영화관에 가는 이유가 아닐까.

영화계의 배우들의 재치 있는 입담으로 우리의 가려운 곳을 시원하게 긁어 준다. 그들은 우리의 부끄러운 모습을 거침없이 까발리기도 하지만, 우리의 일상 속의 아픔을 발견해 따뜻하게 위로하기도 하면서 독자와 밀애를 한다. 이제 영화를 통해 우리의 삶을 들여다보는 매력적인 영화 이야기에 귀를 기울일 시간이다. 영화는 세상을 배우고, 인간을 이해하며, 삶의 지향을 찾아낸다. 영화관 스크린 위에서만 생성 소멸되는 것이 아님을 이야기한다. 우리가 살고 있는 세계가 곧 영화다.

언제나 아프다, 슬프다. 너무나 솔직하고 거칠 게 없다. 그래서 영화를 보러간다. 문자가 들어 왔다. 내일 모임에 조조 영화보고 점심 먹자고…. 제목은 모른다. 그렇게 우리의 만남은 언제부턴가 약속 되었다.

우리는 영화 한 프로 보는 것으로 교양 있는 사람으로 생각한다. 그러면서 영화관을 무슨 교양을 만들어 주는 것으로 착각하고 있으며, 넘나들고 있다.

이제 좀 연기니 플롯이니 미장센 하는 그런 영화감상 용어도 사용할 때가 되었건만. 그것보다 그냥 편하니까. 피곤할 때 약간의 수면도 할 수 있는 곳, 나는 그래서 영화를 보러 가고 있는지 모른다. 그래도 지금도 잊을 수 없는 영화는 한참 이십대 열렬한 연애를 할 때 보았던 밀애 영화는 잊지 못할 제목이다. 지금도 그 밀애를 생각하면 가슴이 핑크빛이 된다. 나만의 사랑의 묘약이다.

지금은 '명량'이 대박이다. 왜 그런가. 우리의 시대상을 대신 보여 주고, 아픔의 속내를 잘 긁어 준다. 울분의 사연을 대신 말해 주니까. 영화관이 지금 우리를 불러들이고 있다. 카타르시의 최고의 장소다.

나만의 분모 숫자

“자, 초등학생들과 어린이는 모두 앞으로 나오세요.”

야! 주위는 누군가를 찾는 듯 조용해졌다. 만삭의 임산부가 배냇저고리를 들고 나왔다. 그곳에 돌고래를 그려 달라는 부탁이다. 이른 아침 먼 길을 온 청소년들의 열기로 가득한 축제 한마당이다. 윤호섭 디자이너의 퍼포먼스는 젊은이들에게 티셔츠에 꿈을 그려 주었다.

“자, 무엇을 그려 줄까?”

“그럼 몇 가지를 말해 볼게. 해, 돌고래, 별, 나뭇잎, 갈매기.”

이렇게 청소년들과 대화를 나누면서 자연스럽게 서로의 느낌을 듣고 답하면서 손은 열심히 그림에 열중한다.

그리면서 또 질문도 한다.

"우리가 절대로 바꿀 수 없는 것은 무엇인가?"

그동안 무관심 속에 지난 습관들로 가득 채워진 머릿속이 좌우로 충동질을 한다. 청소년들의 순발력 있는 답변들이 속속 드러나면서 우리는 그렇게 청소년들을 무조건 버릇없고 예의 없다고 인식된 것에 너무나 미안함감이 느껴졌다.

그들은 미리 준비해 온 티셔츠에 자신이 원하는 그림들을 부탁하면서 꿈을 키워가고 있다. 우리나라를 책임질 보배들이 아닌가.

"탄생이요."

"그래요. 그것도 맞네요."

"그것보다 더 소중한 것은?"

"피요."

말이 끝나기가 무섭게 여중생이 답한다.

"야! 대단해. 너 어떻게 어려운 것을 쉽게 알았어?"

하며 천연 염색된 분홍색 스카프를 선물로 주는 아름다운 광경이다. 또

"온도요."

하며 활기찬 분위기의 열기로 가득 찬다. 이렇게 자연스럽게 지구 온난화를 청소년들과 함께 고민하고 방향을 제시하면서 집에서 할 수 있는 것부터 생각하고 찾아보며 우리 삶을 만나게 한다. 학교 폭력, 청소년 비행 등의 문제를 고민하는 현 시점에 이 얼마

나 자연스러운 수업인가. 우리는 우리의 관점에서 무조건 똑바로 앉아 하는 지식 앞에 군주처럼 지식의 민주화를 가르쳐 왔다. 수다가 침묵의 바통을 이어 주고 부동자세를 그들에게 주입하지 않아도 이런 분위기에는 아무도 동요하지 않는 창조적 분위기다. 또 무엇을 그렇게 그리는 것일까.

사선을 긋고 분자에 1을 쓰고 분모는 미지수다.

티셔츠를 들어 보여 주면서

"자! 이것은 무엇을 의미할까요?"

"분모는 자신의 숫자를 쓰면 되니까요."

나의 머릿속이 갑자기 꿈틀거리기 시작했다. 나는 빙그레 웃으면서 오직 나의 주어진 시간을 적고 싶다고 했다. 불현듯 연속극에서 본 주부 휴가제가 떠올랐다. 몇 년 전이라 그때만 해도 그 드라마는 상당한 파문을 일으켰다.

"오! 맞네요."

"이제 남은 시간을 어떻게 사용할 것인지 고민하는 분모를 생각해 보세요."

하며 물감이 채 마르지 않은 명품의 티셔츠가 당선되는 순간이다.

오직 남편, 자녀들 뒷바라지에 정신없이 지내온 시간들로 나를 챙겨 볼 생각을 하지 못하는 습관이었다.

그때부터 나의 고민이 시작되었다. 과연 분모에 어떤 숫자를 써야 할 것인가. 이것은 자신에게 얼만큼 배려한 나의 주어진 삶의 시간이 아닌가. 아, 아무도 모르는 나만의 행복을 즐거움으로 찾아가는 여행이다. 혼자 떠날 수 있어야만 외로움과 쓸쓸함을 당당하게 건너 나갈 수 있음이다.

누구의 아내, 누구의 엄마, 부모로 살아가는 삶을 잠시 접어 둔 채, 오롯이 나 자신의 마음을 터놓고 마주해 보는 것이다.

혼자 산다는 것은 독신으로 산다는 의미는 아니지 않는가. 더불어 살아가는 삶 속에서 고유한 자신만의 즐거움과 아름다움을 추구하는 것이다.

나의 인생 안에 나만의 시간을 가장 많이 쌓는다는 뜻이다. 이를 통해 함께하는 삶의 풍요로움을 만들어 나가는 것이다.

빛났던 시절을 발굴하기 위해 혼자 있는 시간을 만끽하기 위해서 우리의 모자이크를 발굴해야 하리라. 지난날을 더듬어 우리가 가장 행복했던 순간이 언제였던가. 무엇 때문에 기뻐했는지를 알아내야 한다는 뜻이다. 자신의 삶을 앞으로 나가게 하기 위해 반듯이 지나온 길을 돌아 봐야 한다. 하지만 과거를 돌이켜 볼 때 기억은 늘 변덕스럽다는 점을 염두해 생각해야 한다. 기억은 때로 과장되고 때로 관대하지만 지금 혼자만의 시간을 갖고 있다면, 생각에 잠겨 지난 추억들을 발굴해 본다.

우리 내면의 진정한 고고학자가 발굴해 내는 유모어를 모아 보는 것이다. 오래된 사진, 편지, 결혼기념 선물 등…. 혼자 가만히 앉아 과거로 느긋하게 시간 여행을 떠나 본다. 나의 살던 고향은 아름다운 언덕 위에 있었는가. 유리창을 들추는 바람은 어떤 소리를 냈는가. 펄펄 끓는 이마에 따스하고 부드러운 어머니의 손이 가만히 얹어지는 느낌은 나의 몸은 언제나 그립고 눈물 나게 만든다. 방학을 맞아 새벽부터 놀러 가자고 집 앞에 서서 목청을 높이던 친구들의 이름을 불러 본다. 복자, 말금, 옥이, 순희, 이분, 연숙, 정희, 진남 등.

들과 산에 만발하던 꽃들은 모두 어디로 갔는가. 나보다 나이가 많은 언니들 중에 나의 감각에 영향을 준 사람이 누구던가. 복숭아처럼 뺨이 붉고 푸른 잎처럼 머리칼 싱그러웠던 시절의 나의 모습을 만나 본다. 슬픔과 절망조차 아름다웠던 시절에서 얼마나 멀리 떠나 왔을까. 정녕 멀리 떠나왔다면 남은 삶을 다시 그 시절로 발걸음을 돌려 본다.

인생이란 여정은 가장 행복했던 시절로 돌아가는 길임을 깨닫는 그 순간 비로소 나는 전진하는 삶의 의미를 깊이 깨닫게 될 것이다.

나는 분모에 아직 숫자를 적지 못한 채 망설인다. 어떻게 하면 이 주어진 나만의 시간을 좀 더 멋지고 보람되게 사용할 수 있을까를 두고 아름다운 고민에 빠져 있다.

짧은 도피

며칠 새 문인들이 보내 온 책이 책상 위에 겹겹이 쌓였다.

보내온 책에 대한 감사의 마음을 미처 전하지 못한 미안함이다.

정말 그렇다. 나 자신도 책을 발송하고 안 그런 척 해도 메일이나 전화의 감사를 받을 때 무척 나를 힘나게 하는 경험을 가지고 있다. 고마움의 엽서라도 보낼 냥으로 미루다 오히려 섭섭함만 되었다. 그러면서 습관처럼 가방에 책을 한두 권 정도는 넣어 다니는 버릇이 있다.

읽지 않지만 습관은 가방 속에 책이 없으면 어쩐지 허전하다. 글자가 종이 보다 조금 늦게 허겁지겁 쫓아온다. 그 움직임에 정신이 팔리는 바람에 도대체 뭐가 쓰여 있는지 인쇄 자체에만 시선을 빼앗겨 아무리 해도 주의가 산만해진다. 글자의 움직임을 이용한 책에 관한 생각을 시작한다. 여행을 떠날 때면 항상 이런 처지에 놓인다. 가방 안에 두세 권 책을 넣어 가지고 여행지로 가지만, 오히려 짐이 될 뿐이다. 제대로 읽은 적이 없었다.

지금 우리는 책의 홍수 속에 살고 있다. 마음이 어디론가 훨훨 날아가 버려서 책에 집중을 못하고, 어느 것을 읽어야 할지 이제 전문가의 안내가 필요할 시대에 들어와 버렸다.

뭔가 인쇄 되어 있다는 건 알겠는데 시간이고 장소고 맥락이고 머리에 박히지를 않는다. 내용이 자꾸만 분열되어 다가 앞에 뭐가 쓰였나 까먹는 바람에 다음에 뭐가 쓰여 있는지 오리무중이 되어 버린다. 속도 때문에 사고가 몸보다 뒤떨어지는 거다.

정치 분야의 민주화, 경제 분야의 자유화와 더불어 예술, 특히 문학 분야에서 대중화가 시작된 것이다. 대량 생산된 책과 점점 심해지는 경쟁 관계 때문에 작가와 독자는 모두 책에 대해 새로운 관계를 설정하지 않으면 안 되게 되어 버렸다.

이제 책은 어떤 것으로도 대체할 수 없는 정신적 보물이 아니라, 시장과 자본의 논리에 순응해야만 하는 일종의 상품이 되어 가고 있다. 이제 책의 소유가 곧 소유자의 지적 능력을 나타내지 않게 되면서, 책은 실내를 꾸며 주는 고상한 장식품으로 사용하는 시대는 지나 버렸다. 또 책을 읽을 수 있다는 사실이 사회적 신분이나, 지식의 유무를 드러내는 가치 척도의 기능을 상실하게 되었다.

대략 19세기 중반부터 유럽에서 시작된 국가 공공 교육 강화와 도서관 확충 등이 책을 읽을 수 있는 능력과 결부된 특권을 급격하게 축소하게 된 원인이 아닐까 싶다.

우리가 학교에서 필독 도서로 100권을 읽어야만 했던 어린 시절의 기억을 지닌 사람들은 의무적인 독서가 얼마나 부정적인 영향을 미치게 했는지 잘 알고 있다. 기초 교육에서 고전을 읽고 베껴 쓰는 것은 중요한 교육 과정이었다. 하지만 그것은 매우 지루하고 억지로 읽어야만 하는 책 읽기 문학의 즐거움을 어린 독자에게 빼앗아가 버렸다.

이제 책은 언제 어디서나 구할 수 있는 상품이 되었다. 그 결과 독서와 결부된 개인적 애착의 밀도도 엷어지기 시작하면서, 이제 책의 상품화와 독서의 보편화를 위해 지불 해야만 하는 대가인지 모른다.

문학에서도 이제 우둔한 저자와 독자 대중에 대한 경멸이나 비난이 빈번하게 등장한다. 될 수 있으면 작가가 자신의 책을 읽기를 바랐던 독자들의 소원을 이들은 더 이상 원하지 않기 때문이다. 이제 작가는 예술성이냐 혹은 대중성이냐를 선택해야만 하는 난감한 처지에 빠진 자신을 발견하면서 점점 조화하는 것은 어려워지고 있음이다.

하루가 멀다 하고 쏟아지는 새로운 책의 홍수 속에서 일반 독자는 방향을 잃어버릴 위험 속에서 빠지고 말았다. 이제 책을 읽지 않는 것이 문제가 아니라, 어떤 책을 어떻게 읽어야 할 것인가가 문제가 되어 버렸다. 선택의 기회가 많아질수록 뭔가를 선택한다는 것이 점점 더 힘들어지는 모순이 되고 말았다.

독서의 풍경을 더 근본적으로 바꿔어 놓은 것은 다름 아닌 영화의 발명이다. 지금 국제 영화제가 부산을 황홀하게 물들이고 있다. 1895년 프랑스인 뤼미에르 형제가 발명한 영화는 책과 관련한 분야에 심각한 위기감을 불어 넣어 주었다. 이제 작가와 독자는 그들이 원하든 원하지 않던 기계 때문에 생긴 인식의 변화에 적응을 하지 않으면 안 되게 되어 버린 것이다. 책을 읽으면서 여가를 보내던 사람들이 이제는 영화를 보면서 행복한 삶을 꿈꾸기 시작했다. 구텐베르크가 활판 인쇄를 발명한 이후로 문화적 삶에서 주도적 위치를 차지했던, 인쇄 매체인 책이 심각한 위기를 겪게 되었다.

이제는 시각과 청각에 호소하는 매체가 문화생활에서 주도적인 역할을 하는 시대가 열린 것이다. 이에 텔레비전, 컴퓨터 같은 멀티미디어의 발명으로 시각과 청각에 동시에 호소하는 매체의 확대가 아닐까. 이런 매체가 인간 지적, 정서적 활동에 주도적인 역할을 하는데 구시대를 대표하는 인쇄 매체인 책을 읽는다는 것은 어떤 의미를 가지게 할까.

이렇게 변화한 환경 속에서 책을 읽는 다는 것은 어쩌면 빠르게 지나가는 삶의 흐름에서 한 발자국 벗어나 세상을 바라보고, 정신적 안정을 주는 고정된 발판을 찾으려는 내면적 욕구의 발로인지 모른다.

행복했던 어린 시절을 기억하게 되는 중년의 여인처럼 나는 책을 통해 온전했던 삶, 행복했던 지난 시절의 기억을 떠올린다. 그리고 세상의 흐름과 약간 어긋난 그 행위는 필연적으로 고독할 수밖에 없기 때문이다.

책을 읽는 사람이 원하는 것은 어쩌면 세상과의 소통하는 것이 아닐까. 어쩌면 책을 읽음으로써 자신의 주변에 보이지 않는 벽을 쌓고 세상의 번잡함에서 벗어난 자신만의 공간을 만들려는 것인지도 모른다. 책을 읽는 다는 것은 곧 자신과 타인과 대화를 한다는 것이다. 대화의 가능성을 항상 유지하는 것만이 어쩌면 책이 살아남을 수 있는 길인지도 모른다. 책이 사라질 것이라는 예언이 미래의 어느 때 실현된다고 해도 문자를 읽는 독서라는 행위는 사라지지 않을 것이다. 그것은 독서는 더 이상 떼어 놓아야 떼어 낼 수 없을 만큼 우리 삶과 밀접하게 얽혀 있기 때문이다. 어쩌면 독서가 사라지는 그 순간 인간의 삶도 그 존재를 멈추게 될 뿐이다.

소리 없는 아우성

나는 걸음을 멈추었다.

우연히 아주 우연히 그녀를 만났다. 갑자기 보이지 않는 그 무엇이 강한 힘으로 가슴팍을 팍 치는 느낌이었다. 잠시 숨을 고르고 처음부터 자초지종을 차근차근 듣기 시작했다. 그 말은 상당히 충격적인 내용을 담고 있었다. 사실 그 기록이 놀랍고 흥미로운 것은 거대한 생각이 아니라 그에 얽힌 사람들 때문이었다.

그 속에는 사람들의 이야기가 있었고, 강하게 마음을 끌어당기는 힘이 있었다. 햇빛이 붉어지고 바람의 느낌이 달라지고 있었다. 이미 어둠이 상당히 짙어져 바다와 하늘이 하나로 섞어든 때였다. 허공을 꽉 채운 무거운 어둠이 온몸을 짓누르는 듯 했다. 가슴이 터질 듯한 간절한 그리움으로 그녀의 섬은 점점 멀어져 가고 있었다. 그러나 무엇으로 어떻게 그 섬으로 가야 할지 그 길을 알 수가 없었다. 괴성은 가슴 속의 절망과 원한을 일시적으로 배출할 수 있을 뿐이었다. 그런 식으로는 이제 자신의 가슴이 타 들어가는 갈증을 달랠 수가 없었다. 저 깊은 슬픔과 그리움에 가 닿을 수는 더욱 없었다. 그녀는 깊이 생각에 잠기는 자가 되어 있었다. 어떻게 하면 그녀가 마음의 안정을 찾을 수 있을까? 그 방법을 만들어 갈 수 있을까. 오랜 침묵 끝에 그녀는 처음 찾아낸 길은 집안의 질서를 바꾸는 것이라 했다. 중요한 것은 지배 질서의 그물을 찢을 수 있는 힘의 원동력이라고 했다. 그 말이 살갗을 파고 들어오는 가시처럼 아프게 느껴졌다. 가슴을 가득 채운 갈망이 고통스러운 갈증처럼 아프게 목을 찢는 것을 느꼈다.

자신의 삶이 너무 어리석음 이었다고 언니는 되풀이 하고 있었다. 달빛에 이끌려 밀려드는 밀물처럼 소리 없이 불어나는 담담한 마음자리인 듯 했다. 그녀는 빛을 동반한 따스함을 지니고 있었다. 지금껏 그녀의 외침을 한 번도 귀 기울어 들어 보자고 하는 자도 없었고, 그냥 남의 말만 듣고 한 번도 그녀의 말에 귀 기울려고 하지 않았다. 집 안의 따돌림이 그녀의 한 생을 이렇게 마감하게 만들고 말았다는 죄책감이 들었다.

언니가 처음 시집 올 때의 그 발걸음은 놀랍고 흥미로웠다. 그것은 고종오빠가 아니라 고모와 고모부의 인정 때문이었다. 그곳에는 항상 수다스러운 사람들의 이야기로 언제나 폭풍이 휘몰아치는 원망과 분노가 하루도 멈출 날이 없었다.

그 속에서 평생 고독한 생활을 하던 오빠의 생활은 방황이었다.

여러 곳을 삶의 터전으로 자리 잡고 안정을 찾으려 했지만, 빗나간 화살은 부메랑이 되어 버렸다. 그렇게 인자한 오빠의 모습은 간간히 대소사에나 얼굴을 볼 뿐이었다. 오빠의 모습은 그렇게 우리의 머릿속에서 멀어져 갔다. 그런데 갑작스러운 이야기는 오빠의 죽음이었다. 그것도 객지에서 아무도 문상을 갈 수 없는 비참한 순간을 보내고 나서야, 언니에게 시선이 집중되었다. 그녀의 말 속에 그 많은 재산들이 다 어디로 갔는지 알 수 없는 일이었다. 당장 떠나야 하는데 아무런 대책도 없이 막막한 그녀의 삶을 대변하고 있었다. 그동안 소용돌이치는 생활에 아무런 승산 없는 삶을 산다고 안간힘을 쏟다가 지금에 왔어야 죽은 자에 대한 원망의 넋두리였다.

나는 불을 끈 채 거실 창밖으로 풍성하게 쏟아지는 때늦은 눈雪을 바라보고 있었다. 잦아지기 시작하는 풀벌레 소리 너머로 바다는 크고 깊은 숨을 쉬는 소리가 밀려 들어왔다. 바다의 숨소리, 이렇게 달빛이 하늘과 땅에 가득 흘러넘치는 밤에 들려오는 바다의 크고 깊은 숨소리는, 더 없이 삶의 의미를 상실하는 회한의 눈물이었다.

고모와 엄마 사이는 너무나 다정했다. 항상 신변의 이야기는 서로 간에 하루에도 몇 번씩 오빠와 언니의 이야기로 가득했다. 잘생긴 오빠는 항상 동네의 으뜸이었다. 유년의 삶은 기름지고 촉촉한 인정 속에 살아온 날들이 나의 머릿속에서 떠나지 않았다. 수학數學을 잘하던 오빠 덕택으로 수학시험은 우수했다. 그런 시간들을 생각 할 때면 어쩌다 오늘의 오빠 삶이 이렇게 축축한 습지로만 살아 왔어야 했는지 궁금했다.

풍족한 재산으로 얼마든지 잘 살 수 있다고 믿었던 것이 나의 잘못된 생각이었을까.

세상 모든 것들이 그 속에 아늑하게 몸을 담그고 하나가 될 수 있을 것 같은 나의 가슴 저 안쪽을 날카로운 조개껍데기 같은 것이 긋고 지나가는 느낌으로 눈을 번쩍 뜨게 만들었다. 가슴에 머물고 있는 이방인들의 비아냥거리는 소리 때문이었다. 그 불빛에 찔린 가슴의 통증 한가운데로 어둠을 뚫은 기억이 화살처럼 날아와 박혔다. 기억을 밀어 내었다. 그러나 기억은 밀려 나지 않고 도리어 어지러운 외침과 소란을 피우기 시작했다.

어떤 사태에서도 당황하지 않은 것은 오직 그녀가 어머니라는 자리만을 지킨 것 뿐이었다. 아무 의미 없는 삶이란 존재하지 않는다. 삶이란 결국 삶에 대한 태도에 의해 결정된다는 것을 그녀를 보내고 나서야 알게 된 것일까. 그녀의 마지막 한마디는 부모님 때부터 잘못 되었다는 단호한 이야기가 그녀의 삶을 대변하고 있었다. 나는 왈칵 눈물이 쏟아졌다. 인간이 갑자기 어려운 일을 당해 매우 고통스런 시련에 부닥치는 건, 그 자체로 어떤 의미가 있을까.

내게 주어진 삶의 과제를 찾지 못하고 방황일 때 어쩌면 이 말 한마디가 나를 일으켜 세워 주었는지 모른다.

나의 가슴에 메아리로 남은 것은 왜 그동안 그토록 많은 신호를 보내어 주었건만, 그녀의 진정한 목소리를 한 번도 들으려고 하지 않았나 하는 겁 잡을 수 없는 회한의 눈물이었다.

이제 그녀는 마음의 빗장을 열고 떠날 준비를 하고 있었다. 첫 기일만이라도 정성껏 차려 드리고 싶다고…….

사람은 떠나도 사랑은 남는다는 것을 언니는 벌써 알고 있었나 보다.

아, 부부의 정이 이런 것인가, 그렇게 서로를 원망하고 당장이라도 돌아설 것 같았던 삶의 질곡 속에서 그녀의 가슴속에는 무슨 미련이 더 남아 있다는 것일까.

대숲이 우거진 집

잡초만 무성한 공터였다.

주위는 예정된 사직 운동장 건립으로 허허 벌판에 온통 쓰레기와 공사장에서 버려진 폐기물로 불결하기 이를 때 없었다. 주위는 한창 집 장사들의 건축 붐으로 몇 달 만에 집을 짓고 동네가 차츰 형성 되어 갔다. 비온 뒤의 공터는 빗물로 인하여 연못이 되어 객토를 부어 땅을 다져야만 집을 짓을 수 있는 형편이었다. 이른 봄에 시작한 집짓기는 땡볕의 한 여름을 지나서야 일단 이사를 할 수 있었다. 그 해 여름은 유달리 더웠다. 그때는 전기나 수도가 집이 준공이 되어야 들어올 수 있는 건축법이었다. 지금 생각하면 인부들 얼음물 갖다 주는데 여름을 다 보냈다는 생각뿐이다.

기초 공사 끝난 뒤부터는 건축에 들어가는 자재들 구입의 종류가 얼마나 많은지 하루 지나면 도목수가 주는 메모장을 들고 조금이라도 싸게 구입할 마음에 서면 일대와 국제시장을 우리 집 드나들 듯 다녔다. 새 운동화 몇 켤레가 어느새 다 헤어졌는지 어느 날 신발을 신다가 밑창 떨어진 것을 보고야 알았다. 집을 손수 설계하고 자재를 사 주면서 집을 짓는데 그렇게 힘들지 않은 것은, 평생 동안 내 집으로 살 것이라는 생각에 신바람이 났었다. 연탄보일러와 기름보일러를 겸용하여 넣고, 거실은 건강을 생각하여 석이 목으로, 화단에는 오죽烏竹을 심었다. 거실에 앉아 있노라면 찻집에 앉아 있는 느낌이었다. 어쩌면 나의 꿈을 이루어 본 집이 아닐까 싶다. 40년이 지나도록 한 번도 이사를 하지 못하고 이곳에 토박이로 산 이유가 아닐까 싶다.

그런 집이 어떤 때는 그렇게 나의 보금자리가 되어 주지 못하고, 우리 가족을 위험으로 빠뜨리는 일을 몇 번씩 겪으면서, 오히려 이 집으로 사람들의 관계가 힘든 일이 되어 버렸고, 서로 얼굴을 붉히고 야박한 사람이라는 말을 수없이 듣기도 했다. 그럴 때는 모든 것을 놓아 버리고 훨훨 어디론가 떠나고 싶은 마음이 한 두 번이 아니었다. 어쩌면 힘들게 지은 향수 때문에 그 힘든 시간들을 지탱하고 버티게 한 원동력이 된 것이 아니었을까.

집이 있다는 이유로 툭하면 친척들의 보증 요구에 거절하기 힘든 입장이 되기도 했고, 그것을 거절했을 때의 그 수모감은 말할 수 없는 죄인이 된 느낌이었다. 보증을 해준 친척이 제때 은행에 돈을 지불하지 않아 은행 독촉에 집은 근저당 설정으로 차압당할 위기를 몇 번 넘기기까지, 근무하는 회사를 찾아가야 할 때의 그 심정은 죽음의 문턱을 들어가는 심정이 되고 말았다. 좋은 사이가 그 일로 인하여 단절되는 최후의 낮의 까칠한 마음이 지금까지도 가슴에 앙금으로 남았다.

사업 자금을 융통한다고 대출한 은행 이자를 제때 입금하지 못해 집은 몇 차례 휘몰아치는 북풍의 세찬 바람에 우리 가족은 궁지에 내 몰리기도 했다. 그때는 정말 나의 보금자리를 놓아 버리고 어디론가 훨쩍 떠나고 싶었다.

그때 어머니 목소리에는 물기가 느껴졌다. 서너 해 사이에 나이를 곱절로 먹은 듯 윤기 흐르던 탱탱한 살결은 어디에도 찾아 볼 수 없었다. 그래도 내 아이들의 쉼터였고 우리 자신의 보금자리가 된 40년 세월은 눈물과 웃음의 추억의 장소가 되어 주었기에 또 내 손으로 지은 애정의 끈질긴 정신력으로 지금껏 버티어 온 것이다.

낡아져 가는 집을 보면서 나도 함께 늙어 간다는 것을 새롭게 느꼈다. 겨울을 뺀 세 계절은 아름다운 정원이 나의 손길에서 피어나 천리향은 온 동네를 꽃향기로 감싸 주었다. 겨울의 한옥은 수도가 얼고 난방을 한다고 해도 바깥 기온에, 가족들의 성화도 만만찮았다. 영하의 날씨에는 물이 단수가 되어 며칠 씩 빨래를 들고 아파트 있는 딸집에 빨래를 하고 오곤 했다. 그럴 때면 이제 이 집도 빨리 정리하고 편한 곳으로 옮기고 싶은 마음이 나를 사로잡기도 했다. 그런데 재개발로 막상 이 집을 떠나야 하는 현실이 되면서, 마음 한구석에는 자꾸만 함께했던 이야기가 나의 마음을 잡고 놓아 주지 않는다. 옮길 집을 구하려 다니면서, 이제야 그동안 멋모르고 잘 살았다는 생각을 오늘에야 하게 된 것이다. 집 없는 사람들의 심정을 한 번도 느껴 보지 못하고 지금껏 살아온 집에 대해 감사함보다 불평을 하면서 지낸 시간이 나를 뒤돌아보게 한다.

이별은 단지 사람 사이에만 존재하는 것이 아닌가 싶다. 생활 습관이나 생활 패턴, 이미 지나간 인생의 시간과도 이별을 하나보다. 이별은 적절한 시기에 꼭 거쳐야 하는 성장통 같다. 유년시절과 이별하지 않은 사람은 유아적인 소원에 매달린다. 또 사춘기와 이별하지 않은 사람은 인생에 관해 상상해 왔던 환상에서 벗어 날 수 없는 것처럼, 우리는 진정한 어른이 되기 위해서 청년기와 이별을 해야 하듯, 결혼을 원한다면 당신의 독신 성향과도 이별을 서둘러야 한다. 그리고 나이가 들어서는 우리의 직업과도 이별을 각오해야 하듯, 과거를 자유롭게 놓아 주자 그래야 미래가 열린다. 쉽지 않은 일이 아닌가. 누구도 엄마의 치맛자락을 쉽게 놓을 수 있을까. 익숙한 그들과의 이별, 습관과 우리를 사랑하는 주변의 모든 것과 하루에 몇 번씩이라도 이별을 연습을 한다. 그것만이 현재에 나의 마음을 달랠 수 있으니까.

새로운 문을 활짝 열어 본다. 어찌 보면 이 집에서 지지리도 고생도 했지만 사랑하고 아이를 낳고 기르고 많은 시련을 가족과 함께 했던 기억들. 그동안 같은 과거의 사람들이 주마등처럼 스쳐간다. 왜 이다지도 이 집을 떠나려고 하니 발목이 나를 붙잡는지 모르겠다. 새 집으로 가면 그렇게 편리하고 좋은 것인데 그렇게 떠나기를 원하지 않았든가.

나에게 어떤 의미로 느껴지는 것은 현재의 시점 속에 이미 과거와 미래의 시점들이 어떤 주제를 중심으로 꿰어져 있기 때문이리라. 기억해 본다. 과거와 미래는 언제나 현재의 내 존재 깊숙이 파고 들어와 있다는 것을. 그러기에 현재의 나 삶을 이해하기 위해서는 과거와 미래의 나를 온전히 이해해야 하는 게 아닐까. 여기에 있다는 것을 드러낸다는 것은 단지 고립된 현재의 느낌만은 아닐 것이다. 과거의 시간적 변화를 온전히 이해하는 것임을 말하는 것이다. 지금껏 살아온 과거의 삶의 의미들, 그리고 나의 꿈꾸는 삶의 의미들 없이 현재를 드러낼 수 없을 게 아닌가. 아무리 미래에 대한 꿈이 부재한 사람도 과거를 부정하는 사람도 내 곁을 어떤 방식으로든 내가 살아온 과거, 서로 이해를 바탕으로 삶을 살아갈 뿐이다.

곳곳에서 전화다. 좋은 집이 나와 있다고 오늘 만남을 전한다.

집 주인은 어떤 이유로 자신의 집을 내 놓았을까. 대문을 나서면서 그동안 함께했던 마당의 꽃과 나무들까지 오늘따라 더 소중하게 느껴져 온다. 그래도 나의 손에서 함께한 많은 시간들, 우리 현관을 시원하게 해준 고마움에 이제는 함께할 수 없는 마음을 전하는 이별 연습을 서두르고 있다. 마당 가운데 작은 연못과 주위로 청석을 얹어 운치를 낸 화단을 꾸미면서 나의 꿈은 영글어만 갔다. 마당에서 바라보는 담 벽의 페인트는 허물을 벗어 기미 잔뜩 앉은 얼굴처럼 근심에 겁먹은 눈으로 빠끔하게 나를 바라보는 듯하다.

이삿짐을 싣고 처음 안마당로 들어섰을 때 붕긋하게 화단에는 오죽烏竹과 천리향, 모과나무들이 현관을 숲으로 가려 주었다. 부엌 앞 수돗간 사이에는 바라보는 중문이 있었다.

나는 그 얼굴 하나하나를 주머니 속에 넣고 다니는 소지품만큼 지금도 그때를 선명하게 기억하고 있다.

매화다

어디서 이 소식을 전해 들었을까.

바쁜 발걸음이 통도사 홍보관 쪽으로 모여 들었다. 제일 먼저 이곳에만 유독 꽃망울을 터뜨리는 자장홍매다. 나도 덩달아 그들의 발걸음에 신명이 났다. 긴 망원렌즈의 삼각대가 자리다툼이 벌어진다. 사진작가들의 눈높이만큼 플래시를 터트리기에 여념이 없다. 꽃의 향기보다 그 자태를 보는 눈길이 꽃을 숨 막히게 하는 듯했다. 나는 조심스럽게 발걸음을 옮기며 매화가지 끝에 방금 웃음을 터뜨리다 들킨 소녀 같은 꽃망울을 한없이 바라보며 서 있었다. 해마다 만나는 꽃일 뿐인데, 오늘 더 새롭게 가슴에 담겨져 오는 이유는 무엇일까.

수년이 지나도 잊혀지지 않는 것은 이것만은 아니지 않는가. 어찌 이 나뭇가지에 목이 메인 사람처럼 시공을 초월하여 그 자태를 찍으려 안간힘을 서는 것인가. 꽃이라고 다 꽃이 아니다. 옆 나뭇가지에는 아직 꽃망울도 부풀지 않은데 이것은 꽃 중의 으뜸이다. 오늘따라 갑자기 바람은 무슨 심술이 난듯 법당의 모래를 움켜지고 산문을 나서다 다시 되돌아오기를 반복한다. 한바탕 야단법석이다. 그것도 아랑곳없이 먼지를 뒤집어쓴 채 그들만의 자태를 찾아 떠나 줄 모른다. 그것만이 아니다. 아예 큰 화폭을 두 개의 이젤을 묶어 두고 그 자태를 담는데 여념이 없다. 한 떨기 풀꽃 마냥 파르르 떨고 있는 곱고 고운 샛빨강 울혈이 지금 화폭 속에서 하나씩 피어나고 있었다.

"나는 올해도 당신을 잊지 않습니다. 당신도 나를 기억해 주세요."

라는 꽃말을 생각하다 문득 몇 백 년 전의 이 퇴계와 기생 두향을 떠올렸다. 왜 이 생각이 나를 사로잡는 것일까. 고결함과 올곧음을 뜻하는 은쟁반에 옥구슬이 굴러가는 여인의 목소리를 닮아서 일까. 이 퇴계가 노래하였던 푸른 물 붉은 산인 단양에서 진실된 인연을 말했던 그 사랑은 누구인가. 퇴계가 단양의 군수로 있을 무렵에 퇴계는 꽃과 달이 어울려 시름은 한이 없다고 노래하였다. 함께 술을 마시고 꽃과 달을 보던 두향과의 애틋한 추억 때문이 아니었을까. 퇴계는 남녀의 성에 대해서는 진보적인 사고를 갖고 있었나 보다. 매화보다 향기로운 여인의 아름다움에 대해서 무심하지 안았나보다. 감춘感春이란 시에서 상상만으로 이처럼 화려한 고향의 봄을 느낄 수 있는 퇴계가 어찌 꽃보다도 아름다운 여인에게서 감흥을 느끼지 않을 수 있었겠는가.

뜨락을 거닐자니 달이 사람을 따라오고
매화꽃 언저리를 몇 차례가 돌았던고
밤 깊도록 오래 앉아 일어나기를 잊었더니
옷깃에 향내 머물고 그림자는 봄에 가득해라

라는 시조를 읽다가 나는 머리를 흔들며 중얼거렸다.

단양에서 군수로 재임하고 있을 무렵 두향이라는 아름다운 기생과 진실된 인연을 매화의 향기로 표현한 로맨스다. 시인 조남두가 노래하였던 두향이가 부르는 옥 가락의 노랫소리가 감돌아 휘감기며 퇴계는 한 바탕의 춘사春思을 느껴 서리라. 나는 무슨 마법에 걸린 듯 예전에 도담 상봉으로 함께 여행을 갔던 지인의 모습을 떠올렸다. 그때는 새벽안개에 가려져 그 자태를 뚜렷하게 보지 못한 것이 항상 아쉬움으로 남는다.

퇴계는 홀로 도담 상봉에 올라 별빛과 달빛으로 너울대는 금빛 물결을 본 것이 아니라 두향이와 함께 배를 타고 절벽에 올라서서 저녁노을을 바라보며 달뜨기를 기다린 것은 아닐까. 이런 생각을 떠올리자 갑자기 호흡이 가파져 오기 시작했다. 휴! 하며 한 숨을 몰아쉬었다. 그들의 진실된 인연에 얽힌 무슨 사연이 있을 것이라는 내 막연한 예감은 이처럼 우연치 않게 적중된 느낌이다. 구 개월의 만남이 오백 년의 세월을 뛰어 넘을 세기의 로맨스다. 그녀는 그 당시 여색이 엄격했을 때 어떻게 퇴계의 마음을 사로잡을 수 있었을까. 매화는 죽더라도 향기를 팔지 않는다는 말은 하늘이 부여한 본성과 천명대로 산다는 의미일 것이다. 이렇게 에너지를 쏟는다는 것은 본성대로 살아가는 것이 삶의 이치며, 이 같은 이치가 곧 우주의 원리를 배우는 사람의 도리가 아닐까.

조선의 선비들은 구구소한도九九小寒圖란 그림을 벽에 붙여 놓고 봄을 기다렸다. 동지로부터 시작하여 81일간이 구구에 해당한다. 흰 매화꽃 81개를 그려 놓고 매일 한 봉오리씩 붉은 색을 칠해 81일째가 되면 백매가 홍매로 모두 변하는 그림으로 이때가 3월 21일쯤이 된다. 정말 선인들은 먼저 봄을 마중 가는 자연과의 예를 잘 알고 있는 마음자리였다.

노년의 퇴계가 죽기 직전 두향이 보내준 분매에 물을 주라고 유언 한 것을 보면 그 꽃말처럼 당신을 잊지 않겠다는 의지가 역역하지 않은가. 임과 이별을 한 뒤에도 친향을 피우는 것은 매화가 아닌 어쩌면 연인의 향기 때문일 것이다. 흰 눈이 내리는 엄동설한의 설중매, 예로부터 섣달에 피는 기우奇友라고 하며, 봄에 피는 꽃을 고우古友라고 했다. 어쩌면 두향과 퇴계는 설중매며 기우이리라. 꽃 중에 아무리 좋은 꽃이라 해도 해어화만 할 것인가. 화폭에 그려지는 꽃봉오리는 지금 홍매로 웃음꽃을 피우기 바쁘다. 지금 그림을 그리고 있는 화가는 구구의 사연을 생각하는 마음으로 그릴 것이다. 산문을 나서는 내 마음은 홍매가 눈에 밟혀 몇 번이나 뒤돌아보곤 한다.

숲에서 길을 묻다

진수 수목원을 다녀왔다. 한때는 탄생의 불가역성이 가혹하다는 생각도 했다. 나는 20~30대는 가시가 가득한 사람이었다. 나는 꽤 오랫동안 분노를 안고 억울함에서 벗어나지 못했다. 비에 젖은 낙엽을 밟으면서 한결 편안한 마음이다.

숲에서는 그들만의 삶을 살아가고 있었다. 주어진 자리가 억울하다고 분노하거나 나무나 풀 한 포기도 탓하지 않았다. 모든 생명체의 삶을 누군가는 비옥한 땅과 기름진 자리를 부여받고, 다른 누군가는 가뭄의 땅, 척박한 자리를 받고 태어난다. 우리의 삶은 아침에 일어날 때부터 잠들 때까지 매 순간 선택의 연속이다. 나무는 스스로 선택하여 빛의 방향으로 잎과 가지를 키우고 동물은 스스로 선택하여, 먹이를 찾아 혹은 쉴 곳을 찾아 움직인다. 지구상의 모든 생명체가 선택할 수 없는 한 가지가 있다. 무엇일까. 탄생은 숙명이다. 돌 틈새 벽을 배경으로 버드나무의 삶이 시작했다. 자신을 휘감는 칡덩굴로 버드나무가 위태롭다. 하지만 태어난 자리 그리고 주변 생명체와의 관계는 역시 숙명이다. 힘찬 버들들이 힘을 내라고 서로 응원하고 있는 듯하다. 가지가 좌우로 180도 꺾고 다시 전방으로 90도쯤 자란 모습이다. 우리는 그런 모습의 나무에서 작품이라며 사진 찍기를 마다하지 않는다. 어쩌면 힘든 상황을 잘 견디어 준 고마움을 보상해 주듯, 과연 그 힘든 과정을 얼마나 알고 있을까. 숲의 생명체에 대해 그 시대의 억울한 생각을 잠시 내려놓고 조금 더 숲의 가르침에 귀 기우려 본다. 생명 각자의 발아한 그 자리에서 눈부시게 아름다운 그들만의 삶을 누구도 탓하지 않고 삶을 살아가고 있다. 나는 아직 주어진 자리가 억울하다고 분노하는 나무나 풀의 모습을 만나 보지 못했다.

누구도 태어난 때와 장소나 부모를 선택할 수 없다. 하늘은 우리에게 자기 삶의 주인으로 살 권리를 남겨 두었다. 더 나은 삶을 위한 기술과 기교를 내려놓은 것이다.

비 온 후의 수목원은 한층 가을빛에 젖었다. 어디선가 코끝에 스치는 고향 맛이라 할까. 어린 날의 시골 냄새를 기억하며 엄마 품에 잠들 때의 편안함이다. 단풍에게 인사를 청해본다.

주어진 생명에 부여된 삶을 거스릴 수 없는 숙명을 내가 이해하고 수용하라는 무언의 가르침이다. 지구상에 존재하는 것은 어느 하나 변하지 않은 것은 없다. 모든 것이 변한다는 것은 만고의 진리다. 하지만 변하지 않는 것은 딱 하나가 있다.

"세상에 변하지 않는 것은 없다."

는 사실만이 변하지 않는다. 이것은 시간의 흐름이다. 명리 학자들은 인간의 삶을 시공의 좌표 선상에 올려놓고 설명했다. 그들은 탄생의 순간부터 과거와 현재 그리고 미래의 삶을 우주의 시간 속에서 대응점을 찾아 설명한다.

삶이란 어머니의 배를 빌려 시간이라는 흐름의 열차에 잠시 올라타는 것에서부터 출발한다. 태어나는 자리와 그 관계를 거스릴 수 없지만, 그 자리에서 자기 삶의 방향을 선택하고 그 길을 걸을 걸어 갈수 있다는 자율과 자기 통제의 뜻을 담고 있다. 어떤 색깔도 어떤 크기를 그려 낼 것인가는 자기 운명이다. 나무들처럼 자신의 가지를 미련 없이 쳐내야 한다. 아프고 고된 일이 무엇보다 그것을 자기 씨앗에 담겨 있는 본원을 확인하고, 그 힘을 믿는 일이다. 자신이 살아가야 할 시대와 공간을 아는 일이다. 휘어진 소나무에 앉아 사진을 찍는다.

"엄마! 너무 멋져요."

하며 이리저리 포즈를 잡으며 환희 웃는 모습을 담는다. 소나무의 삶이 지금껏 얼마나 비바람의 고비를 넘겨 왔을까를 생각한다.

앞으로 그의 삶에 힘든 일 많겠지만 꿋꿋하게 이 나무처럼 살아 주기를 염원해 본다.

경복궁의 근정전의 건물을 받치고 있던 기둥을 생각했다. 아주 반듯하고 웅장한 그 기둥은 저 나무와 형제다. 세조가 행차 할 때 가마가 걸리지 않도록 가지를 들어 올려서 벼슬을 하사 받았다는 정이품송은 결국 도끼에 잘려졌다. 뒤떨어진 나무는 다른 나무들 틈 속에서 살아남기 위해 가지를, 이리 저리 비틀기도 했지만 사람들로부터 자유로워졌다. 어떤 나무가 가장 행복하고 불행하다고 할 수 있을까. 그가 살고 있는 터전이 볼품없고 가엽고 불쌍한 것이 아니라는 점을 깨닫게 한다.

사람의 발길이 뜸한 오솔길을 걷다가 눈길이 마주쳤다. 올해 첫 가을을 맞는 새빨간 느티나무가 단풍잎 두 장을 달았다. 누구를 위해서 일까. 연약한 몸짓에 풀 섶에 앉았다. 나태주 시인의 '꽃'에서 '올라갈 때 보지 못한 꽃 내려올 때 보았네.' 라는 말이 문득 생각이 난다. 그렇다. 오늘 너를 보지 못했다면 영영 그 모습을 만날 수 없으리라. 별 의미 없고 볼품없어 보이는 생명이라 할지라도 이유 없는 생명이 없음 알게 된 반가움이다.

삶은 그리 짧지 않다는 생각을 이 숲에서 삶을 탐한다. 희망을 잃으면 삶은 시들고 어두워진다.

숲은 이제 겨울을 준비하느라 하루가 다르게 자신들의 색깔을 내려놓고 있다. 바람 한 점 없는데 사뿐사뿐 낙엽은 길섶에 차곡차곡 쌓여만 간다. 지금 구조 조정하기에 아주 좋은 계절이다. 빨리 서둘지 않으면 생명에 지장이 될 뿐이다. 자신이 준 낙엽들이 밑거름이 되고 다시 자신과 주변 생명체의 삶을 비옥하게 하는 밑거름이 되는 걸 나무들은 알고 있다. 낙엽이 땅을 뒹굴며 썩어 감으로써 삶의 자양분이 되듯이 그 덕택에 삶이 다시 튼튼하게 성장하며, 우리의 삶도 실수와 실책을 통해 만나고 성장하는 것이다. 부러지고 꺾어진 자리에서도 새살은 돋고 떨어진 흙이 되는 것도 있어야 그 삶이 더 푸르다.

숲길을 돌아 나오면서 걸었던 길을 뒤돌아본다.

숲은 모두 나무들의 어울림이다. 더불어 살면서 번영의 길 위에 서서 서로 의지하고 돕는 숲은 지구의 숨통이라는 생각을 하게 한다.

내가 내 삶의 주인으로 산다는 것이 나만을 위해 산다는 의미는 아니다. 그것은 성숙한 삶을 산다는 의미 아닐까. 우리에게 상생은 다음 세대를 위해 한 그루 나무를 심는 것과 같다.

아낌없이 주는 것을 나무에게 배운다. 그래야 아름다운 부자다. 숲은 풍요의 터전이다. 지금 아름다운 축제를 성장에 쓰고 남은 잉여 가치다. 아름다운 공간의 숲은 부자들의 공간이다. 우리가 떠날 때 이 숲처럼 사회에 환원할 수 있는 것은 무엇일까.

나도 이 숲처럼 무엇을 할 수 있을까 생각에 잠긴다. 그것은 결코 가난한 영혼을 움켜쥐지 말아야 한다는 말이 가슴에 담겨진다.

"엄마 어서 오세요."

하는 딸의 목소리에 마음이 바쁘다.

돌아갈 시간이 임박하다.

시계를 삼켰다

마스크를 했다. 병원에서 보름간 입원한 딸을 퇴원 시키고 나올 때의 마음은 어머니에 대한 추억과 그리움이었다. 생명의 소중함과 기쁨의 경이로움이었다. 외로움을 통한 혼자 있음의 홀로임은 외롭다는 것이 오히려 즐거울 수 있다는 발상의 전환을 생각하게 만들었다. 외로움은 어둡고 부정적인 것으로 받아들이지 않고, 밝은 빛의 조명으로 극화 시키면서 누구나 외롭다고 느끼는 그 시간은 추억과 그리움에 잠길 수 있는 행복한 순간으로 여겼다.

시술 시간을 한참 지나도 회복실에 나올 기미가 없는 알람의 기능을 내장한 시계의 초침은 더 정확히도 기하급수적으로 빨라지는 마음을 걷잡을 수가 없었다. 끝도 없이 행진하고 있는 절대로 휴식을 취하지 않는 시간은 거리를 벗어나 담을 넘고 벽을 뚫고 내 가슴의 내부까지 침투하기 시작했다. 심지어 알람의 초침은 행진을 멈추고 싶었지만 멈출 수가 없었다. 시간이 문제의 핵심이라는 사실을 모르는 이는 없으리라. 모두가 외친다. 시간이 부족하다고 시간이 너무 빠르다고 우리는 지금 흘러가 버린 모든 것들을 느리게 지나간다고 쉽게 말하지 않는가.

그렇다. 무자비하게 착취당하고 있다는 생각이 들었다. 어느새인가 나는 시계를 하나씩 삼켰다. 삼켜진 시계를 배 속에서 끊임없이 째깍거리며 시끄럽게 알람을 울려 대고 있었다. 심지어 거실에서 서재에서 침실에서 마저 행진을 멈출 수 없는 것은 바로 이 시계 소리 때문이 아닐까. 배 속에 삼켜진 시계가 내는 초침 소리와 알람 소리에 의해 우리의 신체를 마비시키고, 기이하게도 우리는 이것을 적응이라고 부른다.

시계를 삼킨 것은 우리의 신체였지만, 이제는 거꾸로 시계가 우리의 정신을 집어 삼키고 있지 않은가. 악몽과도 같은 현실이 사실 마비 상태가 되고 말았다. 이제 배 속에 들어 있는 시계가 유발한 치료 불가능한 질병과 싸워야만 했다. 그 병의 이름은 조급함이다. 조급하기 때문에 되돌아가지 못하는 슬픈 사연이다. 이것이 우리의 처지다. 조급함은 우리의 발뒤꿈치에 숨겨 놓은 병균이 온몸으로 퍼져 나가면서 생긴 증상이 아닐까. 이 처방전을 지금 어디에서 만날 수 있을까. 우리가 살아가는 조급함이라는 치명적 질병을 지금 우리는 앓고 있는 것이다. 우리가 시간 개념을 단념한다면 인간 발전의 결정적인 순간은 영속적이다. 그러기에 이전의 모든 것을 무가치한 것으로 표명하고 혁명적 정신적 운동들이 필요함이다. 아직 아무 일도 일어나지 않았다. 정말로 그렇지 않은가. 이것은 역사적 차원에서 얻어질 수 있으리라. 세속의 경험 지평에서 보자면 너무나 많은 일들이 일어났고, 일어날 수 있으며, 또 일어날 것이 분명하다. 이것은 어쩔 수 없는 사실이다. 인간의 역사 전체가 말 그대로 끝에 내속되어 있음을 인식함이다. 조급함의 질병이 죄악으로 생겨나는 것은 다름 아닌 미래 때문이다. 좀 더 멋진 행복이란 내일이 있을 거라는 막연한 예감 때문에 조급함이라는 악마가 우리의 발목을 묶어 놓는다. 이 악마는 인간들에게 기대에 따를 실망과 희망에 따른 더 큰 기대를 무한대로 제공하면서 그들을 몰아 미래로 간다. 언제나 최후의 날이 입을 벌리고 있다면 안정적인 일상이란 존재할 수 없지 않은가. 절망은 희망을 품은 것이다.

문 앞, 문지기 곁에서 평생을 서성이다 죽어간 시골 사내처럼 우리도 지금 메르스 문 앞에서 서성이고 있다. 어쩌면 죽음을 눈앞에 둔 시골 사내에게 비쳤던 바로 그 빛이 예측하기 힘든 한순간이, 돌연 우리를 향해 비쳐올지도 모른다.

안도의 숨을 몰아쉬었다. 그동안 아무 일도 없었다는 듯이 제자리로 돌아 준 딸에게 나는 새로운 발견과 함께 생명의 소중함을 만난다.

산사에서 담아온 소리들

봄 소리가 빠르다. 무척 빠르다. 어쩌자고 이토록 빠르게 변하는지 현기증이 난다. 앞산 뒷산 사방이 연꽃 위에 앉은 산사에 구름이 숄을 살짝 걸쳐 놓았다. 충북 영동 반야사를 찾아가는 중이다. 떨어지는 꽃비를 맞으며 길섶은 누군가를 맞이할 준비에 부산을 떤다. 오늘따라 처진 어깨가 으쓱한다. 나의 가슴 속에 환희의 물결이다. 무슨 엄청난 일을 해 놓고 이제 이곳을 찾아온 환희심이다.

반야般若는 문수보살의 지혜의 도량이다. 힘들게 마음을 내어 산사에 들어서지만, 그렇게 마음을 당기는 게 별로다. 그런데 아! 호랑이다. 하지 않는가. 반문하는 나에게 안내자는 더덕바위에 서서 앞산을 보라고 한다. 앞산에 보이는 자갈바위의 모습이 호랑이 형상을 하고 있지 않은가. 영락없는 화랑이 한 마리가 지금 막 먹이

감을 발견하고 금방이라고 나에게 뛰어나올 형상이다. 그랬구나. 이곳 여름 산사에는 기막힌 절경이다. 여름 녹음이 우거지면 이 반야사는 더 한층 명품으로 만들어질 보물이다.

하루를 이곳에서 머물기로 했다. 짐을 내려놓고 문수보살이 머문다는 문수암을 참배하려 백화산을 오른다. 이곳은 가람배치도가 유별나다. 도량의 기운에 걸맞게 암자가 자리 잡고 있다. 험난한 절벽 위에 세워진 암자를 쳐다보며 단숨에 오를 것 같은 마음으로 걸음을 재촉 하지만, 입에서 한숨이 절로 나온다. 만만찮다. 정말 산사를 찾아갈 때마다 느껴 보건만 창건한 스님들의 지혜에 감탄을 금할 수 없다. 몇 백 년 전에 이런 곳이 있다는 것을 어떻게 알았을까. 암자에 들어서는 순간 그동안 나의 의구심을 내려놓을 풍광에 그만 주눅이 들고 말았다. 난간을 겨우 잡고 올라서 내려다보는 순간, 굽이치는 물살이 나를 낚아채 갈 것만 같다. 아찔하다. 한 평 남짓한 법당에 발을 딛는 순간 불상 후광에는 탱화가 그려져 있는데 이곳은 금강경을 사경해 두었다. 처음 산문을 들어설 때의 내 마음자리의 잘못을 이곳에서 뉘우친다. 나의 이기심과 자만심을 내려놓게 한다. 휘돌아 가는 강물소리와 산사를 감고 도는 바람소리가 대지를 깨운다.

세조 임금이 부스럼으로 고통받고 있을 때 문수동자가 안내하여 목욕했다는 그 장소가 팻말로 그때 상황을 만나게 한다. 지나간 시간들이 이곳에서 다시 그들을 만나게 하는 현재와 과거를 다시 묶어 놓는다. 손을 씻는다. 이 손으로 누군가를 따스하게 맞이할 손으로 거듭나길 발원하면서….

밤은 새로운 세상을 만나게 한다. 낮에 걸친 구름이 한줄기 소란을 피운다. 법당에 앉아 온갖 주문을 한다. 밤새워 불러보는 지혜의 보살에 자정이 넘어서야 출렁이던 마음도 풀이 죽는다. 눈은 따갑지만 마음은 가볍다. 새벽하늘은 언제 비가 왔는지 모르게 별들이 총총하다.

새벽 예불은 스님과 절집의 첫 시작이다.

촉촉이 젖은 산길을 산 벗이 눈인사를 청한다. 간밤에 내린 비에 더 한층 청초하다. 해말간 웃음이 이제 봄과 작별의 준비를 거의 끝내고 있다. 관음상이 있다는 안내 길을 따라 징금 다리를 건넌다. 간밤의 빗물이 퉁퉁 불은 엄마의 젖처럼 막 잠에서 깨어난 아가에게 젖 한통을 내어 주고 빙그레 웃는 듯하다. 메마른 땅에 따스한 꽃을 피우게 한다. 빗방울이 맺힌 오솔 길에 아침 해가 떠오르면서, 한층 영롱하게 빛나기 시작한다. 홍매화도 산벗도 엎드린 민들레며, 복숭아꽃, 어느 것 하나 낯설지 않고 가슴에 닿아져 온다. 장난기 많은 봄바람이 산벗 가지의 무능을 타고 꽃길을 만든다. 아! 이만큼 더 좋은 곳이 또 있을까. 참방되는 물소리, 아가의 자지러지게 웃는 바람소리, 눈웃음 짓는 꽃잎 떨어지는 나직막한 울림이다. 어제의 산사와 오늘의 산사는 그 만남이 확연히 다르다. 이 울림에 너와 나의 함께 있는 이 대지에 따스한 사랑 꽃이 피어나고 있다. 이 시간처럼 날마다 고마움을 느낄 수 있기를 발원한다. 산사에서 만나 생각들을 가슴에 품고 호랑이 등에 앉아 산사를 내려오고 있었다.

3 시간을 탐하다

달린다

새벽을 달린다.

내가 달리기를 가장 먼저 배운 것은 학교길이 먼 이유였다. 항상 등하교 길이 2시간 이상은 되었기에 아차! 하는 순간 지각! 마음이 바빴다.

내 삶의 달리기들은 대부분 성취와는 거리가 멀었다. 달리기는 특별한 것이 없는 활동이다. 오랜 시간에 걸쳐 발을 내딛고 팔을 흔드는 움직임. 모두 한 동작에서 다음 동작으로 흘러간다. 달릴 때처럼 생각들도 하나에서 다음으로 물 흐르듯 한 순간도 똑같거나 머물러 있지 않고 늘 변화하며 흘러간다. 달리기에서 생명을 불어 넣는 생각들은 서로 서로 이어져 있다. 실제 삶의 달리기는 몇 년씩 간격을 두고 벌어 졌을지언정 그 속을 흐르는 생각은 꼬리를 물고 이어진다. 길에 내버려 두고 온 나의 생각은 새롭고도 미묘하게 변이된 형태로 다시 완강하게 모습을 드러낸다. 그것은 거기 그대로 있지만, 방향을 안내하는 표지판을 따라 달리기 위해 내가 움직이는 팔다리처럼 매 순간 달라진다. 가끔은 느리고 또 고통스럽게 이어졌던 나의 많은 달리기들처럼, 우리 삶도 어쩌면 달리기가 아닐까 싶다. 그러나 이 달리기에는 연결되는 길이나 한 쪽이 뚫린 골목길조차도 없는 막다른 길들이 많다. 어디로 가는지도 모른 채 뛰고 또 뛰어 목적지를 그때야 알게 되기도 하니까. 실제로 달리기를 하다 보면 경치와 방향이 늘 미묘하게 변화하고, 사실은 그것이 가장 중요하다. 결국 달리다 보면 언제나 우리는 다시 집으로, 원점으로 되돌아온다는 것이다. 아주 오래 달린다면 그 돌아온 집조차도 달라져 있을 것이다.

나는 가끔 달리기는 역사를 전하는 장소일지 모른다고 생각한다. 달리기 속에서 나는 거인의 어깨 위에 올라선다. 나보다 뛰어난 이전 사상가들의 개념은 비행기가 날아갈 때 추진기 뒤쪽에 생기는 바람 속에서 달린다는 생각을 한다. 그 속에서 나는 읽고 또 잊어버린 것들의 사소함의 삶 속에서 오래전 묻혀 버린 것들을 발견한다. 그럴 때면 왜 자기를 잊었느냐며 나에게 뻗대고 삐쭉댄다.

달리기는 내가 기억하는 장소다. 무엇보다 달리기는 남이 아닌 나의 삶의 초기 장소이기 때문이다. 우리가 삶에 대해 내릴 수 있는 유일하고 가치 있는 정의는 도전이 아닐까 싶다. 무엇을 하건 열심히 일한다고 꼭 꿈이 이루어진다는 것은 아니지만, 달리는 그 순간은 기쁨도 고통도 잊어버린다.

처음 하프 마라톤 대회 출전을 앞두고 거의 잠을 이루지 못했다. 실제로 달리기 시작하자 뿌듯한 마음은 곧 불안감으로 바뀌었다. 시간대 안에 완주하지 못하면 지금 이 마라톤 코스 길이 다시 교통 길이 된다는 그것 또한 불안감으로 나를 잡아 당겼다. 약 10km까지는 해 볼 만했다. 그러나 하프의 거리는 대단히 나를 시험하는 거리였다. 5월의 따가운 햇살이 유난히 머리 위에 내리 쬘 때 그나마 나는 처음 가졌던 불안감을 벗어나 자랑스러운 순간을 완주라는 사진틀 속에 가두었다. 그러나 성취는 목적을 위한 수단에 불과하다. 참 이상하다. 아침의 마음은 어디로 가고, 저녁쯤 아! 그까짓 게 뭐 그리 대단하다고…. 가족들의 응원 소리에 당당함을 내려놓는다. 나는 변화하고 싶어서 달린다. 달리기는 육체가 기억하는 방법이다.

4401

인문학의 태동이였다.

17년 전 일이다. 너무나 관심 밖 일에 그는 무슨 신들린 사람처럼 야간무료 강좌를 자청했다. 어쩌면 분명 이런 날이 오리라는 선견지명을 알고 있기나 한 것처럼. 허기진 마음조차 알지 못하는 일반인에게 불을 지피기 위해 그는 전화통을 붙잡고 매주마다 강좌에 참석하도록 이름을 불렀다. 우리가 꼭 알아야 하는 고전 강독의 태동이 시작된 것이다. 하지만 그의 열정에 비해 서너 명의 강의실은 좌석을 채우는 데는 긴 시간이 필요했다. 방학도 없이 여름과 겨울에도 한 강좌가 끝나면 자비로 탁주 한 잔씩 나누는 인정도 어쩌면 고전의 넉넉한 힘이었다. 부산 인문학 뿌리는 '석음서당' 이라는 현판을 걸고 이렇게 그의 강의실에는 언제나 불이

꺼지는 날이 없었다. 환히 불을 밝히면서 지내온 시간이 지금 가슴 속에 아른한 추억이 되어 가슴에 불을 지핀다. 명심보감에 소학에 논어며, 수없이 반복을 하면서 찾아가는 현장 답사도 유일한 관찰기록의 보고서를 만들 가는 철저함이었다.

우리들은 가끔씩 현세에 맞지 않는다고 제기를 하면서도 그 깊은 내용 설명에 그 당시 사회의 변화를 생각하곤 했다. 우리가 살아가는데 어떤 중심 되는 삶을 만들지 못하고 그냥 구름이 흘러가는 삶에 하나의 기둥 역할을 만들어 주는 게 고전의 힘이었다.

그의 열정에 보답하듯 넓은 강의실은 보조 의자까지 동원할 만큼 열꽃을 피웠다. 자신보다 더 깊이 있는 설명은 명강사를 초청하여 주마다 새로운 변화 학습도 마다하지 않았다. 오시는 강사님의 넉넉한 그의 마음처럼 봉사에 동참하는 열정은 대단하였다. 그동안 책 속에서 만날 수 없었던 책 밖의 또 다른 삶을 만나면서 어쩌면 새로움에 눈을 뜨는 재미에 시간 가는 줄 몰랐다. 누구에게나 배울 점이 있기에 착한 자에는 선함을 배우고, 악한 자에게는 나의 잘못을 반성하게 한다는 계기를 만들기도 했다.

너무 까다롭게 따지지 말라며 쓸데없는 말과, 지나칠 정도로 꼼꼼하게 살피는 것도 하지 말라는 말 속에 지금껏 살아오면서 나를 새롭게 뒤돌아보는 삶을 만나게 했다.

지나친 생각은 정신 건강을 해친다며 정신을 상하게 하고, 아무

분별없이 하는 막된 행동은 자신에게 화를 입는 근원임을 알면서도 실천하지 못함을 뒤늦게 알게 하는 마음자리였다. 나의 시들어가는 가슴에 작은 불씨 하나 잿더미 속에서 꺼내준 소중한 인연의 고리였다.

언젠가 강의 시간에 졸음에 못 이겨 고개 숙인 모습을 볼 때면 회식장소에서 넌지시 항상 졸고 있다고 농담 어린 말도 너무나 친근감으로 감싸 주었다. 하지만 우리는 늘 불러 주는 수동적 사고에서 길들어져 그의 힘든 시간을 알지 못하고 떠난 후에 눈물짓는 어리석음이었다.

출장 간 후 과로사가 마지막 만남이 되고 말아서니, 그래도 임의 정신을 기리면서 열강의 강의도 마다하지 않았다. 하지만 이제 마지막 불씨하나 지피기는 서로의 일들이 너무나 바빴다. 서로의 마음들을 통하여 반성적 성찰로 마지막을 의견들로 이렇게 모였다.

소담스런 음식상을 마주하면서 긴 이야기는 어쩌면 떠나가신 임의 고전적 정신을 빛나게 했으며, 지금껏 지내온 강사님의 말씀 속에는 힘든 시간이 아닌 그리움으로 남는 아쉬움과 감사함으로 영원히 기억될 4401이라고 말끝을 흐렸다. 그동안 함께했던 2만여 명의 수강생들의 가슴 속에 영원히 불빛으로 기억될 것이다. 비록 석음서당의 현판은 내려졌지만 고인이 되신 이신성 교수님의 정신은 부산의 인문학 열풍의 불씨를 지핀 디딤돌로 기억되리

라. 그가 남긴 고전의 심오함은 언제까지나 나를 가슴속에서 만나게 할 것이다.

4401이여! 영원하리라.

나는 불 꺼진 강의실을 물끄러미 바라보며 서 있었다.

미소 짓던 임의 얼굴이 오늘따라 눈에 맴돈다.

석간신문에 '부산 인문학 뿌리 석음서당 성독聲讀 끊겼다' 라는 사회면에 그의 웃음 짓는 모습과 함께 한 페이지를 장식하고 있었다.

시간을 탐하다

"야! 유성이다."

산사에서 만나는 또 다른 공기 맛.

온통 별들이 머리 위에서 쏟아져 내리고 있다.

새벽 도량 천 목탁소리에 스님과 산사의 산문을 나선다. 긴 꼬리를 달고 스치는 별똥별에 나도 모르게 아! 하는 감탄사를 연발하고 있었다.

우연히 어디를 갔다가 공교로운 일을 만났을 때

'가는 날이 장날.' 이라고 하지 않는가. 예상치 못한 유년의 모습을 이곳에서 만날 줄이야.

진도 상계사에서 도반들과 철야 정진을 하다 잠깐 졸음을 쫓을 마음에 법당을 빠져나오는 순간이었다. 삶은 항상 이론보다 훨씬 치열하고 논리적이지 않다는 점이다. 예기치 못한 수많은 변수가 작용하는 것을 만나게 한다. 이곳에서 옛 선사들은 자유롭게 사유했다. 어쩌면 그들의 삶은 자유로웠다. 자유를 꿈꾸는 그대여 관조하라는 천연 고찰인 점철산 상계사에서 명상과 휴식을 통해 흩어진 생각을 고요하게 가다듬고 자신을 바라보는 특별한 마음의 여행을 떠난다.

스님들의 삶은 결코 쉽지 않았다. 하지만 그들은 그러한 삶을 관조하는 여유가 있었다. 그러기에 그들은 자유로울 수가 있었다. 한 칸 건너보면 세상은 아름답고 또한 인생은 자유롭지 않은가. 건너보는 마음이 삶의 여유다. 분주한 일상에서 벗어나 잠시나마 삶의 여유를 느낄 수 있다면 더 없는 기쁨이다. 복잡한 도시 생활에서 벗어나 반짝이는 별빛을 보고 있으면 어릴 적 무심코 불렀던

"저 별은 나의 별 저 별은 너의 별."

했던 너무나 아득한 그리움이 가슴 속에서 묻어져 나온다. 얼마나 넉넉한 그때의 우리의 삶이었던가. 저 우주 속에서 무한정 나의 이름표를 달 수 있는 대단한 표현 아닌가.

지금 우리가 사는 도시에서 한 평도 소유하기 힘든 생각도 할 수 없는 우주를 내 마음껏 소유할 수 있는 마음의 넉넉함이었다.

행복이란 거대한 일에서 확 높아지는 게 아니라, 작고 사소한 일상에서 행복은 커지고 단단해지는 것이다. 아침 이슬이 수십 년

전 내 삶으로 저장 되어 있기 때문일까. 가는 길 겁먹지 말고 어차피 건널 길 남들보다 선수 쳐서 가라는 말이다. 그래서였나, 나는 여태 내 여정을 너무나 자연스럽고 하나도 무섭지 않게 걸어오지 않았나 하는 생각을 해 본다. 어려운 일도 숱하게 많았지만 그 분들이 계셔 무섭지 않았다. 내가 가는 길은 운명과 인연이 연결해 주는 길이라는 무의식적인 안정감을 맞이한 것 같다. 하지만 거기에는 어떤 현실을 깨부수는 것이고 지금의 논리를 뒤덮는 일이다. 세상을 아름답게 보는 법. 그리하여 스스로 빛이 나게 살아가는 것에 대한 힌트를 주려고 했던 것은 아니었을까. 말도 안 되는 일인 오역으로 말이다. 나 혼자 갇혀 그들을 보며 삶이 몇 번이나 반복된다는 걸 깨닫는다.

분명한 것은 삶은 엄청 아름답다는 것이다. 그리고 그것은 몇 번이고 반복 된다는 것을 무의식에서 숨은 자기를 찾아 떠나는 여행이다. 미지의 나라로 여행하는 것보다 더 흥미롭고 신기하다. 자신에 대한 이해가 깊어질수록 사람은 자유롭고 편안해 진다.

지친 우리에게는 휴식이 필요하다. 자신을 이해할수록 자신의 가치가 보인다. 내안의 쇠사슬을 끊고 자유인으로서 우리가 마음의 주인이 되어 산다면 그것은 축복된 삶이다. 어떻게 사는 삶이 최고의 삶이라고 정해진 공식은 없지만, 패배자야 말로 새롭게 독창적인 것을 창조 할 수 있다는 말이 아닐까. 자신의 삶을 드라마

틱하게 살 수 있다는 것은 대단한 재능이다. 자신의 길을 찾아가는 결정의 연속일 뿐이라는 생각을 하게 만든다. 그 속에서 새로움을 발견하고 의미를 찾는 것은 오로지 자신에게 주어진 과제다.

우리는 빠른 변화 속에 정신이 없다. 정말 빠르다. 이를 틈타 온갖 욕설과 허위가 발생하는 가능성을 지니고 있다. 이럴 때 일수록 매일 노동을 즐기며, 굳은 땅위에서 세상을 당당하게 바라 봐야 하리라. 친숙성은 생의 날카로운 날을 무디게 한다. 아마 예술가의 본 모습은 이 세상의 영원한 이방인이거나 다름 별에서 온 방문객이 아닐까.

우주나 자연에 거울을 비추는 조선의 순박한 미소가 그려진 벽화를 만난다. 천 년의 숲에서 마음을 쉬고 속세에 지친 마음의 때를 벗어 복된 삶과 새 희망의 길을 찾길 염원한다.

우리는 모든 것을 외부에 있다고 믿는 어리석은 실수를 저지르면서, 자신의 삶에 무언가를 더하면서 외로움이라는 감정을 피할 수 있을 거라고 믿는다. 그 감정이야 말로 스스로의 인생과 그 의미를 마주하게 도와주는 열쇠임을 결코 깨닫지 못한 채 어리석음만을 반복할 뿐이다. 천 년의 숲속 무지개 다리를 걸으면서 이름을 시간이라 불러 본다.

다리 밑에 흐르는 별자리의 섬광이다. 허墟에 깜박거리는 생각들이 갖가지 곡선을 그리고 서로들 엇갈린다. 아직 존재하지 않는 어떤 것에 직면하면서 정신만은 현실화 시켜, 다음에 사고의 흐름을 거슬러 올라가 순간의 쉰 호흡의 첫 숟가락의 공기를 마신다.

나는 정신에게 도망쳐 가는 감각을 다시 붙잡아 데려 오기로 요구한다.

정신은 감각을 다시 붙잡으려고 애쓴다.

빛깔이 없고 잡을 길 없는 시간.

이곳에서 그 시간을 탐한다.

내 마음속의 여인

한 여인이 나를 보고 있다. 언제나 안온한 눈빛이다. 서로를 마주한 채 한동안 말이 없다. 문득 그녀의 눈동자가 흔들리는 것 같다. 그녀가 묻는다. 나는 누구인가. 바람이 인다. 물결이 살랑이고 당신의 표정이 흔들리더니 이내 그 물결 속으로 흩어져 버린다. 그 말을 하던 순간, 그녀의 눈빛이 촉촉하게 젖는 듯 했다. 나의 마음을 근심한 것 때문일까. 그녀의 목소리가 갈아 앉지 않는다. 지금까지 누구도 내게 너는 누구냐고 묻지 않았다. 그렇듯 깊은 울림으로 나의 존재를 묻는 그녀는 누구인가. 몸은 한가롭지 않지만 마음의 허기가 나를 흔들었다. 어쩌면 이런 시간이 필요한 때가 왔는지 모른다. 외로움으로 지친 눈을 스스로에게 돌려 본다. 그런데 불쑥 그녀가 나타났던 것이다.

포도과수원의 여름은 열매의 익음에서 시작된다. 들판의 바람이 여문 곡식 사이를 헤집으며 찰랑이듯 힘찬 소리로 내달릴 땐, 들판의 바람은 곡식의 충만함을 어루만지며 살갑게 소리를 내며 천천히 다가온다. 오래도록 잊고 지낸 자신을 새삼 들려다 보는 느낌이었다. 그 속에 잠겨 한 밤을 꼬박 새기도 했으니까. 포도가지 사이로 잘게 쪼개진 석양의 색채를 즐기는 것도 미처 알지 못했던 울렁임이었다. '보고 싶구나' 어머니는 작은 소리로 되뇌었다. 유학 간 손녀를….

집 뒤 우거진 앵두나무 사이로 바람이 불 때 차곡차곡 쌓아둔 농기구와 옛 물건들의 일렁거림에 아버지는 소적대성小敵大成이라는 우리 집 가호를 적어 두었다. 성실히 모아 크게 재물을 모으라는 뜻이 담겨져 있었다. 현판 글씨라기보다 아버지의 부지런함과 근면성은 동네의 으뜸이었다. 금방이라도 곡간이 차곡차곡 쌓여가듯 느껴졌다. 어디 아버지의 근면성에 뒤질세라 어머니의 깔끔함과 정갈함을 어디 빼 놓을 수 있겠는가. 그뿐인가 음식 솜씨며, 바느질 솜씨며 동서간의 우애와 아랫사람에게 베풀어 주는 마음씨는 또 어떠했던가. 시누이 올케 간의 두 집안은 형제들 간에 서로 세상의 세간을 논하며 서로에게 힘이 되었다. 옛 법도에 따르되, 너무 얽매이지 않고 현세를 잘 접목시키는 현명함이었다. 하지만 자신에게는 엄격했다. 이것이 그녀의 참 모습이었다. 혼잣말처럼 말했을 뿐이다. 어찌 그녀의 삶을 온전히 세상에 남길 수 있으랴. 그녀가 찾고 있는 자신은 어떤 모습이었을까. 자신의 내면과 솔직하게 마주 하는데 익숙하지 않기 때문만은 아니다. 오히려 세상의 눈앞에서 바르게 앉는 것보다 어려운 일이기에 많은 일들이 이 순간을 외면하는 게 아니겠는가. 마음을 알지 못하고서야 어찌 사람을 안다고 할 수 있을까. 다른 이들이 알지 못하는 그대의 모습으로 남기는 것도 의미 있는 일이다.

다행스럽게 그녀는 꽃바구니를 옆에 두고 아주 가지런하게 손을 모아 무릎에 올려 두고, 미소 머금은 모습으로 생신 때 보내드린 선물에 마지막 사진을 남겼다. 곱게 손질한 모시 적삼에 푸른색 치마를 차려 입으시고 돌담 툇마루에 앉아 계셨다. 뒤쪽으로 미닫이 문살이 한층 정겹게 느껴졌다.

그때는 몰랐다. 자신의 마음속을 들여다보듯 마지막 선물이 될 줄이야. 오랫동안 맛보지 못했던 뜨거움과 낯선 희열이었다. 그렇다면 내 마음 한 켠을 끌어당기는 망설임은 무엇일까. 사진 앞에서 놀라던 느낌까지 생생하다. 엄마는 자신의 성품처럼 화창한 봄날에 떠났다. 그것도 하루만에…. 세상의 절반이 무너져 내린 듯 슬픔에 잠겼다.

한사람, 두 번째 나를 잃었다. 슬픈 천지가 나를 바보로 만들었다. 허망하게 세상을 버린 엄마를 생각하며 좀처럼 마음을 잡지 못했다. 어떻게 하면 추억 속의 엄마를 불러 낼 수 있을지. 함께한 시간들을 끌어 올리고 싶은데…. 그녀를 어떻게 만나야 할까. 내가 하지 않는다면 누가 세상에 그녀의 모습을 남겨 주겠는가. 치밀한 관찰과 세밀한 필력이 함께해야 하는 일이니, 그렇게 우애 있게 베풀며 살아야 한다고 간절한 유언의 힘이 이제 서로에게 짐이 되고 있으니.

이제 그녀의 물려준 정신력도 버티기에는 힘든 시간이 되어 버렸다. 세상 사람들이 부유하고 풍족함만을 알았지, 엄마의 부지런함과 어려움의 실재를 어찌 다 알 수 있겠는가. 이는 곧 자신의 부유함을 부러워하는 이들을 향해 던진 말이리라. 부유함 뒤에는 부지런함이, 풍족함 뒤에는 누군가의 수고가 있음이다. 그녀는 풍요 속에 안주하지 않았다.

오히려 자신을 끊임없이 되돌아보며 채우는 쪽을 택했다. 자신을 지키며 사는 것은 때론 온 세상을 지키는 것보다 더 힘든 일이 아니겠는가. 생각해 보면 힘겹던 시간들이 행복한 순간이었다. 저 깊은 바닥에 가라 앉혔던 슬픔과 소망들이 깊은 우물 속처럼 자신조차도 오래도록 바라보지 못했던 곳이었다.

그녀의 성품은 곧 외할머니를 빼닮았다. 저녁노을 사진 속에서 나를 바라보며 진지하게 이야기를 나누어 주던 얼굴은 나보다 더 나를 잘 알고 있던 것은 엄마였다. 그녀가 보아온 장 덕수 여인 말고도 또 다른 내가 있었다고. 영원한 이별이 오기 전에 솔직하게 고백하고 싶었다. 이제 그렇게 말 할 수 있을 것 같았다. 하지만 내 평생 흔들리지 않고 나를 지키며 살 수 있었던 것은 오로지 엄마의 공이라고. 지금의 세상이 알아주지 못하는 그때의 참 모습이 다음 세상으로 이어져 향기로운 꽃으로 피어날지.

그녀가 '나의 어머니 이어서 행복 했습니다.' 진심이었다. 그 뜻을 마음껏 표현할 수 있는 시간을 만나지 못한 것이 후회스러울 뿐이다. 따뜻하게 울리는 목소리였다. 엄마의 마음까지 들여다보는 것은 내 자신이 할일은 아니지 않은가. 이제 그녀를 보내 주어야 할 때가 된 것 같았다.

세상의 시선이 다 무슨 소용인가. 사람들의 칭찬이 높아질수록 외로움은 깊어만 가는데. 어떻게 생각만으로 그녀를 올 곧게 표현할 수 있을까. 길고도 외로운 길 위에서 자신을 찾고 돌아온 천사의 모습 같았다. 감정의 앙금들이 새삼 고개를 내밀고….

주위가 온통 꽃비로 감싸 앉았다. 어떤 무게감도 느껴지지 않는 채 한없이 가볍고 상쾌한 꽃비였다. 사뿐히 내려앉는가 했더니 어느새 다시 바람을 타고 날아올랐다. 춤추는 여인의 옷자락이라 한들 이처럼 눈부실 수 있으랴.

바람이 일렁이는가 싶더니 달콤한 듯 알싸한 내음이 스며 왔다. 꽃 향기였다. 향기에 끌리듯 가만히 눈을 떴다. 아주 작은 꽃잎이었다. 연분홍 꽃잎 사이로 한 방울 연지를 찍은 듯 선명하게 점점이 실려 오는 향기로운 바람. 찔레꽃을 흔들어 놓는 바람의 손길이었다.

눈물이 났다. 이 순간이 허망하게 사라져 버린다면, 이 아름다움이 날아가 버린다면 하는 아쉬움 때문이었을까. 바람에 흩날리던 꽃잎 몇몇이 어느새 물기 어린 뺨 위로 내려앉았다. 이 보드라운 감촉은 어머니의 손길이었다. 몸속으로 꽃 향이 스미는 듯 싶었다. 나의 몸이 되 나의 뜻대로 움직일 수 없는 이상한 순간이었다. 이 순간을 이 아름다움을 영원히 붙들어 놓을 수는 없는 것인가. 사랑을 만난 바로 그 순간 뒤돌아 이별을 고해야 하는 연인처럼 간절함이 가슴에 벅차올랐다.

그제사 나는 엄마의 사진첩을 제자리에 올려 두었다.

카네이션

계절의 여왕이다.

카네이션 한 다발을 샀다. 그것도 빨강으로

유통기한을 훨씬 넘긴 계란에서 알맹이를 빼고 난 껍질 바스러지기 껍질처럼, 그곳에는 생명도, 환희도 이제 더 이상 가꾸고 매만져야 할 육신도 담겨 있지 않았다. 육신이 존재하지 않는데 어찌 피부가 남아 있겠는가. 그것은 기계 같은 것, 허무한 것, 그럼에도 어머니는 항상 내 곁에 계신다. 사람은 자신의 모든 그리움만 남겨 두고 떠나 가시나보다.

속없이 피었다 지는 봄꽃들의 빈자리들도 초록으로 물들기 시작 한다.내 몸에도 푸른 피가 돌 것만 같은 착각에 젖는다. 생이 넘치는 봄 숲을 보며 떠나간 어머니의 웃음을 떠올린다. 인생은 흐르는 물과 같다. 어느 한 지점에 머무를 수 없고 모두가 멈추기를 소망한다. 정작 지켜야 할 것은 때 묻지 않은 동심이다. 영원한 젊음을 유지하는 비결은 남에게서 보여지는 육신의 겉모습이 아니라, 오직 자신의 마음가짐이 아닐까 싶다. 부끄러운 그리움은 저장하고 싶지 않지만, 그것 또한 지금 이 순간 내가 살아 숨 쉬는 또 다른 이유가 된다.

어느 날 느낌 가득한 행복으로 차오르는 눈부심에 차마 눈뜰 수 없는, 그 아름다운 그리움을 저장한다. 슬퍼도 행복한 몸짓으로 깊은 절망 속에서 작은 웃음을 짓게 했던 그 슬픈 그리움. 차마 훔칠 수 없는 마른 눈물로 기억의 틀 속에 자리 잡은 진한 미역 같은 그리움. 아이처럼 만량 신나게 앞뒤 생각 없이 즐겁기만 했던 생활 속의 느낌, 그 유쾌한 생각들….

오늘 인생을 다 살아버린 사람처럼 더 이상 보이지 않는 미래에 목숨을 걸고 싶지 않은 그리움, 부끄러운 그리움. 순간순간 떠오르는 기억들 속에 유독 내 가슴 따뜻하게 했던 그리움. 전부를 지금 이 순간 내가 살아 숨 쉬는 또 다른 이유다.

물밀 듯 차오르는 그리움을 찾아 추모공원으로 발길을 돌린다.

모정의 따스함이다. 정신이 허기가 질 때 아기의 잠투정을 하고 보채듯 그런 온기가 나를 잠재워 준다. 15분의 영상과 마주 이야기를 한다. 요즈음 근황에 마음이 바쁘다. 할 이야기는 많은데 자막은 일 분 전이라고 이별을 재촉한다. 어머니의 숨소리가 오늘따라 노래로 들린다. 호수처럼 멈춘 듯 멈추지 않는 그대가 부르는 노래를 따라 흥얼댄다. 나도 모르게 달콤한 잠에 빠진다. 그것 또한 그리움이다. 그리움을 줄줄이 매단 꽃분과 메모장 현판은 온통 아쉬움과 그리움의 분칠로 가득하다. 애절한 절규의 사연이 오늘따라 더 진하게 가슴속으로 스며든다.

볼 일 없이 골목 시장을 들락거리며 노전의 저잣거리에 풍성귀의 얼굴에 눈길이 닿는다. 외로워서가 아니라 그리워서다. 그곳에서 나의 옛 고향의 맛을 찾아 나선다. 아직도 옛 방식의 농사법을 천직으로 자연에 순응하면서 길러진 채소들이 투박한 노인들의 굵어진 손마디에서 한층 그리움이 묻어져 나온다. 흙내음의 향기 같은 것이다. 추억 같은 것 따스함 같은 것, 서러움 같은 것, 이것이 내 스스로를 소박하다 하나 타인들은 별맛이 없지만, 나는 그런 것이 더 가슴을 젖게 만든다. 평범하고 소박한 그런 삶이 그 얼마나 중요한지, 지금 도시 속의 낙후된 변두리 속에서 그리움을 훔친다.

삶의 가방을 '쿵' 하고 내동댕이치고 싶었든 봄날의 오후, 비 오는 날, 한 발로 운명일 수 있는 절벽에 섰다. 파도가 연잎처럼 일어나 손짓할 때 푸른 구토의 현기증은 그칠 줄 몰랐다. 비가 바람으로 바뀌며 잔물결 위에도 명주실 같은 햇살이 쏟아져 내릴 때, 내 유년의 토담집 돌담의 밑 사금파리는 오후 햇살에 눈이 부셨다. 이런 것들이 나의 망막의 저 너머에서 손짓하고 있다. 지금은 어느 곳에도 존재하지 않는 오직 나의 가슴속에 그려질 뿐이다.

오늘따라 무슨 의무감의 숙제를 한 것 같이 나는 전화 통화 속에서 추모공원을 다녀온 것을 엄청 힘주며 목소리 억양을 높이고 있을 뿐이다.

북소리

산사의 저녁 예불은 새벽과는 무한한 마음의 무게감으로 가슴에 와 닿는다. 어둠이 산사에 짙게 내려앉을 때면 사물놀이 행사가 이어지고 가슴에 파고드는 아가의 손결 같은 애절함에 하루의 번잡한 마음이 차츰 자리 정돈을 시작한다. 스님의 양손에 잡은 북채가 법고에서 탕탕–탕탕탕 저녁 산사에 울려 퍼지면 벌써 하루의 마지막을 정리하는 산사의 밤은 깊어만 간다. 강한 듯 여린 듯 한없이 인내하는 어머니의 심장소리와 같은 애절함이다. 나의 영혼을 울리는 노래 닮았다. 전 생애를 통해 극심한 고통과 상처를 경험하며 진정으로 영적인 사람들만이 가질 수 있는 조용하고 차분한 순수함을 지닌 울림이다. 생명에 대한 경외감은 생명을 지키기 위한 전투에 자신을 투신한 것은 다른 이유가 아니다. 오직 자기 자신의 생명들의 연장선상에 있는 고독함이다. 잠시 동안 어린 시절로 되돌아가게 하는 물건들과 소리들이었다. 엄마의 손을 잡고 굿 당에 가면 대나무를 사시처럼 떨면서 치는 북소리는 그렇게 까마득한 옛날의 아이와 지금의 나로 연결시키는 것은 무엇일까. 간절히 바랐음에도 결코 뜻을 이루지 못했던 여인들의 가슴속에 얽히고 맺힌 한을 신명나는 소리로 풀어 낸 것은 아닐까.

산사는 어둠의 손을 내밀고 지금 북소리는 누구와 만나고 있을까. 늘 눈앞에 없는 임을 그리워해야 했고, 한편으로는 억척스럽게 삶을 꾸려 나가야만 했든 한의 울림이다. 그것은 마음으로 느끼게 되는 개인적인 열망은 생각조차 할 수 없는 형편이었다. 그 어떤 작은 소망 하나도 이루지 못한 주인공의 생은 너무나 참혹했으리라. 한 시대를 버티게 해준 우리의 위대한 어머니, 여인네의 피가 제 몸에도 흐르기 때문이다. 지금 제 마음에 그 여인의 소리가 울러 퍼지고 있다. 그 거대한 울림에 가슴이 뜨겁다. 애잔하면서도 당당했던 삶을 구성지게 풀어낸 오늘날 풍요로움에 묻혀 잊어가는 세대들에게 정서와 정감을 보여 주는 북소리다. 기다림은 사람을 설레게 하면서도 당황과 혼란 속으로 밀어 넣기도 한다. 그리움이 가슴에 사무쳐 들 때면 하염없이 흐르는 눈물을 감당할 수가 없었다. 눈가를 젖힌다. 여기에 미래를 위한 진정한 희망을 가지고 있다는 것을, 우리 인류가 궁극적으로 도달할 운명, 연민과 사랑이 넘치는 세상을 향하여 가고 있다. 그렇다. 한이 혼을 부른다. 윤회라는 것이 있다면 나는 그렇다고 믿고 싶다. 지금 이 삶에서는 결코 확신할 수 없지만 말이다. 하지만 확실한 기억들이 우리의 놀라운 두뇌에 의해 잘 간직된다는 것이다. 나무들이 살아있고 새들이 지저귀는 소리가 들리는 이곳에는 북소리가 어머니인 지구와 위대한 신이 우리와 연결되어 있음을 힘차게 되새겨 주는 그런 세계다. 우리에게는 시간이 별로 없다. 내일의 세계를 구하는 것은 '우리'의 일이다. 바로 당신과 나의 일이다. 과거와 타협을 해야 한다는 것은 내가 가지고 있었던 어두운 이미지들을 극복해야할 일이다. 내안의 또 다른 '나'를 만난다. 나의 마음은 무감각 해졌다. 아무것도 느끼지 못 하였고 아무런 감정이 조절 되지 않는 당황스러움과 혼란에 빠졌다. 내 머리에 떠오르는 이런 모습들이 얼어붙은 마음으로 걷잡을 수 없이 줄줄이 들어왔다. 분노의 파도가 일어서 내 속을 혼란스럽게 뒤집어 놓았고 심장은 마구 뛰었다. 그 후 커다란 슬픔이 밀려왔다. 발길을 돌리는 나의 눈앞은 뿌옇게 흐려지고 있었다. 풍부한 에너지와 꺾이지 않는 의지를 새로운 기획에 쏟아부었다. 치유될 수 없거나 생명을 위협하는 마음의 울림으로 다가오면서. 마음의 여행을 통해 나의 좁은 마음을 가지고는 절대로 이해할 수 없는 것들이 있음을 배웠다. 악이 우리들 가운데에 존재하는 이유를 굳이 설명해야 할 필요는 없지 않은가. 우리는 현재로써는 우리를 통해 어두침침하게 볼 수밖에 없는, 이 북소리는 시공간을 가로 지르는 나의 영적인 순례에서 중요한 부분이 되어 되돌아왔다. 해석할 능력이 없었던 시절에는 그런 소리들을 폄했던 것을 인정하지 않을 수 없다. 내가 미처 보이지 않는 바람소리에 울리던 하프인 것처럼. 그것도 아마도 아주 오래 전에 설교를 통해 처음으로 들어왔 때가 아닐까. '빅 벤' 의 종소리가 무의식적으로 공포의 발작을 일으키는 것처럼, 그 음악을 나의 존재 전체로 사랑, 기쁨 찬미로 가득 채운다. 내게 그 음악이 바흐의 그런 사실은 그렇게 중요하지는 않다. 수백 년 동안 수천 명의 진실한 기도로 성스럽게 유지한 교회에서 들리는 오르간의 찬란한 울림이라는 것이다. 어쩌면 그러한 연결이 나에게 다시 깨우쳐져야 했기 때문이라는 표현이 더 나을지도 모른다. 혼란의 와중에서도 내가 평온함을 유지 할 수 있는 것은 산사에서 보낸 기나긴 날들과 세월 덕택에 얻은 평화, 항상 반복되는 바보 같은 생각들, 어릴 적 마을 어귀에서 울려 퍼지는 동동구루무 장수, 방아갓을 쓰고 멜빵 봇짐을 짊어진 화장품 장수가 동동동 울려 퍼지면 마음은 바빴다. 그때의 북소리는 예뻐지고 싶은 마음을 충동질을 하는 소리였다.

지금 산사의 북소리와 어릴 적 화장품 장수의 북소리가 나를 새롭게 만나게 한다.

강옥희 수필집

4 천 년을 빌려 준다면

산골짜기에 핀 백합

나를 기다리는 학생들의 눈망울에서 그 안에 담겨 있는 흥분과 열정에서 힘을 얻는다.

그들은 이미 부모가 되어 문해자의 허기증에 목말라 한 지 오래다.

그들이 무엇인가를 바꾸려고 결심하는 순간에 커다란 힘이 발산되어 나온다. 자신의 행동에 변화를 가져 오리라고 믿고 한 사람의 확신이 많은 사람들을 감동시킨다. 절대로 포기하지 않고 절망적인 어려움 딛고 결국 성공한 사람들, 다른 사람들이 따를 수 있도록 길을 개척한 사람들이다. 정말 감동적이고 흥분을 일으키며 용기를 주는 것은 이러한 위대한 사람들을 바로 우리 주위에서 만날 수 있다는 것이다. 그들은 억압과 핍박으로 점철된

한 세기 동안 입고 있던 거추장스런 옷을 벗어 버리려고 한다.

말하기 시간이다.

처음에는 앞에 나와 말한다는 것은 그 자체부터 힘든 일이었다.

십오 년의 시간을 함께하는 지금 자신의 속내를 털어 놓는 것이 오히려 자신을 만나게 한다. 첫 인상은 너무 수수했다. 생각에 며칠 오다 말 것 같은 느낌이었다. 할머니는 일흔 정도 예상했다가 그 후 여든이라는 사실을 알고 모두 놀랐다. 이 나이에 이토록 배움에 대한 열정이 대단하고 존경스러웠다.

"저는 잘하는 것은 아무것도 없습니다. 하지만 자장면은 집안에서 잘 한다고 하네요. 그런 평범한 여자입니다."

그런 겸손한 말은 아무나 하는 게 아니었다. 이 순간 할머니에게 시선이 집중되면서 웅성거리던 교실은 조용해졌다.

"저는 학교에 오는 길에 빨간 넝쿨 장미를 보면서, 붉은 꽃이 너무 아름다워 한참을 바라다보았습니다. 내 인생도 이런 아름답게 꽃핀 적이 있었나 생각했습니다."

하면서 눈을 지극히 감고 있는 모습이 감동적이었다. 진정한 아름다움을 발견한 사람의 목소리와 몸짓이었다.

할머니는 산골에서 태어나 한 번도 도시에 온 적도 없었다고 했다. 지인의 소개로 시집을 도시로 오고 보니 글자도 모르면서 시작한 것이 자장면 장사였다. 공장 주변에서 그냥 배달은 못하고 그 대신 양을 많이 주고 손님은 외상 장부에 자신의 이름을 적어 놓고 월말에 수금하는 식이었다. 손님의 빈 그릇을 보면 마음이 가벼웠고 그릇에 음식을 남기고 가면 무슨 죄를 짓은 것 같은 심정이었고 했다. 자신의 음식 솜씨가 잘못 되었다는 죄책감이었다.

수업이 진행될수록 나는 점차 할머니의 인생과 더 깊이 만났다. 재산을 탕진한 아버지가 세상을 등지려 했던 젊은 시절 등 많은 사연이 녹아 있었다. 가장 존경하는 사람은 며느리에게 반지를 사 주려고 몇 달 간 식모살이한 시어머니라고 했다. 어머니가 해준 반지와 고운 한복은 육십 년이 지난 지금도 가장 기분 좋은 날 입고 다닌다는 할머니의 말은 그야말로 반짝반짝 빛나는 보석이 아닐 수 없었다.

할머니는 가끔씩 숙제장에 쪽지 편지를 적어 온다. 수업 시간에 적어준 시를 옮겨 오기도 하고, 자신의 심정을 적어 오기도 한다. 삶의 고단함과 구구절절한 슬픔의 말들이 인생의 깨끗한 물에 씻은 듯 자꾸만 떠오른다. 남은 인생을 어떻게 살아야 하는지 일러 주는 경종 같다.

그동안 삶의 진실을 보여 주는 것이 아니라, 삶에서 자연스레 묻어나는 빛나는 것임을 느끼는 나이가 되었다. 나는 내일이 없는 기분으로 일상을 살던 오십에 인생의 스승을 만났다. 지금 할머니의 나이를 기준으로 내 이정표를 생각한다. 할머니에 비하면 나는 인생의 반 이상을 지난 느낌이지만, 무언가를 포기하기엔 아직 할 일이 너무나 많다는 생각을 하게 한다. 한글교실에 오는 날이 기다려진다고 하면서 그들의 힘든 삶을 풀어 놓는다. 오늘 배운 것이 무슨 뜻인지 잘 몰라도 그냥 좋다는 그들의 말을 듣는 순간, 그들의 순수한 몸짓에 힘든 시간이 눈 녹듯 녹아내린다.

가난한 싱글 맘에서 미국 최고의 CEO가 된 〈조이〉 영화를 보았다. 모두가 불가능 하다고 포기한 것에 대한 도전이었다. 그 놀라운 기적에서 인생 최고의 순간은 먼 곳에 있지 않다는 것을 생각하게 한다. 어릴 적 그녀의 할머니가 들려준

"너는 잘 할 수 있다."

고 한 그 말 한마디가 자신감과 용기로 그녀의 힘든 삶을 뒷받침한 명약이 되었다.

꿈은 희망이며 인생의 꽃이다.

그녀들의 목표는 자신의 힘들었던 삶을 한번 글로 적어 보는 게 소원이다. 나도 그들에게

"잘 할 수 있다고 꼭 할 수 있다."

고 힘주어 말한다. 그들의 소원이 이루어 그날까지 나는 그들과 함께 묵묵히 걸어갈 것이다.

천 년을 빌려준다면

복지관에서 였다.

문해자 지도를 하면서 신나는 노래가 무엇일까 생각하다 이 노래가 가슴에 닿았다.

"자! 천 년을 빌려준다면 무엇을 할까요?"

라는 질문에 한결 같이 공부를 원도 한도 없이 하겠다고 한다. 그 순간 나는 그 많은 시간 계산에 당황했다. 갑자기 수백 억 원이 복권에 당첨된 느낌이었다. 이런 가사의 생각만으로 어떤 대답을 해야 할지 몰랐다. '천 년이라' 과연 나에게 가당키나 한 일인가. 아니 그것은 천 년은 어쩌면 무한대의 삶을 의미하는 게 아닐까.

우리 역사의 왕조가 두 번 바뀌는 긴 세월이지만, 그래도 천 년을 준다면 하는 숫자가 내 머릿속을 먼 과거의 시간 여행을 떠나게 했다. 어디까지를 과거로 잡을 수 있을까. 역사 속의 삼국시대, 고려, 고구려.

아니 끊임없이 중국과 일본침략 태평양 전쟁 등 이런 생각을 접고 그럼 유럽 쪽으로 한번 눈길을 돌린다. 문화와 역사가 종횡으로 섞여 있는 파리의 십구 세기에 인상파의 천재 화가들이 쏟아 놓은 그림과 문화유산을 생각한다. 한때 해지지 않은 끝없는 영토를 가졌던 영국. 아직도 능가할 사람이 없는 셰익스피어가 활동했던 런던에 태어나 빛나는 문학적 재능을 물러 받을 수 있으면 그 얼마나 좋을까. 천재 화가, 조각가들이의 수없는 작품들이 모여 있는 심오한 영혼과 소통 할 수 있는 이태리도 좋다. 그렇다. 서양 문화의 기반을 닦아 놓았던 그리스. 지금도 알 수 없는 이집트의 피라미드의 신비, 고대문명의 나일 강의 문화유적 최고의 미인 크레오파트라 등 어떻게 삼천 년 전까지 번창할 수 있을까.

우주와 인간의 생성, 지혜로운 신화로 풀어낸 기원 전 소크라테스, 플라톤, 아리스토텔레스 등이 살았던 그 당시로 살아가 본다. 그러다 보니 천년도 그렇게 많은 숫자가 아니라는 생각에 마음이 두둥실해진다.

몇 천 년 넘게 그들의 작품과 예술 혼이 지금도 살아 숨 쉬고 있지 않은가.

노래 가사가 준 그 의미는 어쩌면 아무런 의미 없이 일회용 하루를 살아가는 무의미한 생활에 수 없는 먼 미래와 과거를 오가게 하는 명약이 되어 가슴에 불을 지핀다. 어쩌면 다시 태어나 생을 시작하는 상상만으로 즐거움이다. 시작이 있다는 것은 누구에게나 위로와 행복을 안겨 준다.

천 년은 신의 세계다. 장수하는 식물이면 누릴 수 있는 시간이지만, 그래도 우리에게 남길 수 있는 문학정신이 있기에 천 년이 아니라 더하기 천 년도 가능한 것이 아닐까.

나를 감싸고 흐르는 햇빛이며 바람과 함께 하면서 조용히 남은 시간을 그들과 함께 살고 싶다.

나는 그들과 함께 천 년을 빌려준다면 언제까지나 당신을 위해 사랑하며 살 것이라고 마음으로 노래를 힘차게 불러본다. 우리 반의 지정곡이 되어 하루에 한 번씩 부르면서 수업을 한다.

당신을 사랑하고 정말 정말 사랑을 하고 ~~~

~~ 당신을 위해 사랑을 위해 아낌없이 모두 서겠소~~

나도 이제 할 수 있네요

자, 여러분! 이제 우리도 예쁜 액자 넣을 시를 지어 봅시다.

그동안 배운 글자에 나만의 속마음을 담아 보자는 글짓기 시간이다. 다들 못한다고 할 수 없다고 손사래를 친다. 복지관 문해자 어머니들의 아름다운 사연이 감동의 물결로 피어난다. 언제 이만큼 성큼 커버렸다는 현실 앞에 그래도 함께한 시간이 헛되지 않았구나 하는 마음이 몇 년 전의 나를 만나게 만든다. 할 수 없다고 자신을 믿으려 하지 않는 그들의 작품이 전철에 그림액자를 보는 순간 할 수 있다는 마음에 힘을 실어 준다.

〈 공부 〉

배트남에서 시집온 며느리

너도 나도 한글을 모른다.
서로 배워 보니 서로 행복하네
우리 행복하게 살자. – 하영

〈 자식 〉
부모 된 얼굴이 너무 힘들다
공부 못한 마음이 가슴에 못이 된다.
자식은 항상 원망만 하는가 보다. – 춘이

〈 새 〉
새가 되고 싶다
고향도 찾아가고
고단한 삶 내려놓고
훨훨 날아가고 싶다 – 정숙

〈 선생님 〉
어릴 때 배우지 못해
친구 소개로
금정구 종합 사회 복지관에 왔다
아무것도 몰랐는데
선생님 만나서
은행 갔다. 마음이 콩닥거린다.
내손으로 돈도 찾고

입금도 내 마음대로 할 수 있다
도와주신 선생님 감사합니다.　　– 석이

〈 시골집 〉
시골에 집 짓고
강가에 놀고 싶다
아기처럼
모래 장난 하면서
강가에 앉아 놀고 싶다　　– 송자

〈 나비 〉
나는 나비가 되고 싶다
고향도 찾아가고
고단한 삶 내려놓고
훨훨 날아가고 싶다.　　– 달막

〈 딸 〉
예쁘고 착한 딸
나는 부모 원망했지만
항상 딸을 보면
미안할 뿐이다.　　– 덕이

〈 복지관 〉
ㄱ, ㄴ도 모르고

복지관에 왔다

처음 오는 날

부끄러워서 말도 못했다.

한번 두 번 오다 보니

친구, 언니, 동생 같은 선생님

너무 다정다감하다

글은 잘 모르지만

배우는 것이 좋아

복지관 오는 날만 기다려진다.

참 행복합니다. – 윤순

〈 외손자 〉

외손자 집에 가니 동화책

읽어 달라고 했다.

못 읽어 주어 75세에 금정 복지관에 왔다.

앞 못 보는 봉사 눈뜨게 해주신 선생님

이제는 외손자 집에 가서

읽어 줄 수 있게 되었다.

선생님 너무 너무 감사합니다. – 두리

〈 한글 공부 〉

한자씩 배우고

또 한자 더 배우면

먼저 것 잊어버린다.

그래도 끝까지 할 거다

고마우신 선생님께

편지 한 장 쓸 수 있을 때까지　　- 분조

〈 노래 〉

나는 가수가 되고 싶었다.

무엇보다 노래가 좋다

내 나이 어때서

천 년을 빌려준다면　　- 매자

〈 편지 〉

어서 빨리

한글 배워서

우리 아들 형제, 딸에게 편지

한 번 써보는 게

나의 꿈이다　　- 두리

나의 삶 내려놓고

선생님! 다시 태어나면 누군가를 가르쳐 주고 싶다. 못난 사람 착한 사람 모두 한 마음이 되면 좋겠다.

배 , 사과를 그렸다.

생각보다 너무 힘들다.

가을이라 마음이 풍요롭다.

나는 올해 베트남 며느리를 보았습니다.

며느리와 추석음식을 만들면서 재미있고 맛있는 음식을 만들어서 행복했습니다.

차례도 지내고 맛있는 음식을 옹기종기 모여 앉아서 맛있게 먹었습니다.

저녁에 옥상에 올라가 달님에게 우리 가족 모두 몸 건강하게 해달라고 달님에게 빌었습니다.

어릴 적 많이 운다고 구박한 딸, 말 안 듣고 심한 사춘기 보낸다고 미워한 딸. 그래도 나이 들고 보니 친구처럼 대해 주는 고마운 딸.

봄에 꽃 피면 생각나는 딸. 가을이 되면 상큼한 바람처럼 내 속내를 다듬어 주는 딸. 겨울이 되면 소복소복 내리는 눈처럼 나의 통장 조금씩 채워주는 딸

이런 딸이 있어 난 행복합니다.

오곡이 익어 가고 과일이 풍성한 계절이 오면 보고 싶은 얼굴은 아버지와 어머니입니다. 이 좋은 계절에 옥수수만 보면 엄마 생각

이 납니다. '더도 말고 덜도 말고 이 보름달만 하여라.' 는 풍성한 가을이네요. 엄마가 떠난 후에 아버지를 네가 모시고 오늘날까지 지내고 보니, 정말로 눈물이 흘러 앞이 안 보였습니다. 30년 후 가을에 아버지도 돌아가셨습니다. 정말 아버지 수고 많았습니다.

추석 아침 차례 때 동서가 왔다.

다음부터 좀 일찍 와서 함께 음식을 했으면 좋겠다.

좀 섭섭한 마음이네요.

올 추석에는 영감하고 아침을 먹었다. 영감님이 있기에 참 좋다. 영감이 없으면 나는 얼마나 쓸쓸할까 생각이 드네요.

아들 없이 딸만 셋이지만 나는 좋다.

추석이 다가오니 걱정이다. 제사도 많고 딸들도, 사위, 손자, 손녀들도 온다. 음식 준비는 해야 하는데, 아무도 도와주는 사람이 없다.

이 세상 태어나서 머리에 든 지식도 없고 살아가는데 정말로 답답하여 장사를 하려고 해도 배운 것 없으니 쉽게 할 장사가 없었습니다. 식당을 하면서 제대로 잠을 잘 수 있는 방도 없어 식당일 마치고 손님 앉는 식사 테이블을 걸어 올려놓고 열두 시가 넘어서야 잠을 자려고 누우면 온 몸은 아파서 저려오고 서글픈 생각이 들기도 하였습니다. 내 나이 육십이 넘어 배워 보려고 복지관 왔어 배워 보니까, 이제는 늙어서 배워도 돌아서면 잊어버리고 선생님은 열심히 가르쳐 주시는데 공부를 못해서 늘 죄송합니다.

이런 사연을 접하면서 얼마나 많은 힘든 시간이 그들에게 삶의 의미를 만들어 주었을까 하는 마음자리다. 불가에서 지장보살님은 세상 중생들이 지옥에서 다 극락으로 갈 때까지 성불하지 않고 지옥 고를 지킨다는 깊은 의미를 생각한다. 지금 만난 인연이 헛되지 않게 우리 어머니들이 편지 한 장 잘 쓸 수 있을 때까지 그들과 함께 건강하길 염원해본다.

베트남 며느리와 시어머니

어느 날 갑자기 손을 잡고 들어온 학생은 시어머니와 며느리였다. 체격이 우람한 시어머니에 비해 베트남에서 온 학생은 까맣고 깡말라 애처롭기만 했다. 낯선 이국땅에 왔어 시어머니와 며느리가 한 책상에 앉아 한글 공부를 한다. 서로 배우는 모습이 정겹다. 집에서는 시어머니와 며느리지만 복지관에 오면 학생으로 똑같이 배운다. 그러다 무엇이 서로 마음이 토라지면 그냥 방문을 걸어 잠그고 나오지 않는다고 푸념을 하는 시어머니는 서로 말이 통하지 않으니, 기다릴 수밖에 없는 안타까움이다. 그 시간이 길지 않고 '엄마' 하고 방문을 열고 나와 가슴에 안긴다는 말을 들을 때면, 이국 생활의 외로움을 가슴에 담아서 살아가는 마음이다. 우리 사회는 지금 다문화 가정의 삶의 배려에 많은 신경을 쓴고 있다. 시어머니의 답답한 마음은 서로 아끼는 배려가 이렇게 짧은 글속에 촉촉이 젖어져 있다.

공부
시집온 베트남 며느리
너도 나도 글자를 모른다.
서로 공부 배우서
우리 행복하게 살자.

라는 말이 가슴에 꽂힌다.

우리를 즐겁게 하는 것은 작은 빵조각이 아니라, 규칙을 어기지 않고 무언가를 해낸다는 것이다.

그들과 함께하는 시간들이 많은 것을 생각하게 한다. 우리나라 문화를 잘 심어 주어야 한다. 그녀가 유명한 가이드라는 것을 생각하면서…….

숨 좀 돌리자

어릴 적, 시작도 끝도 없이 다그쳐 "엄마, 엄마."를 거듭 부르면 "아이구, 엄마 숨 좀 돌리자."하며 마음을 진정하도록 했다.

나는 길 떠나는 딸에게 거듭 당부를 한다. 뻔히 알고 있는 이야기다. "조심해 가거라. 도착하면 곧 전화하라."는 등 모든 게 나의 생각으로 하는 말들이다.

"그래요, 알았다니까요."하는 순간 아이는 벌써 대문을 나간 후다. 그것은 그 내용보다 그 말 자체가 싫은 게다. 어서 벗어나고 싶은 마음이 앞 설 뿐이다. 어쩌면 수다스러움이 한 동안의 자신의 먼지를 털어 내기라도 하듯 수많은 이야기가 횡설 수설이 되고 말았다. 그냥 좀 더 머물게 하고 싶은 엄마의 심정일 뿐이다. 우리네 모임에도 자신의 이야기로 남의 말은 아예 들을 수 없는 분위기에 휘

말려 버릴 때가 있다. 우리네 아버지는 말수가 적었다. 없는 게 아니라 남자는 말을 많이 하면 남자답지 못하다고 처음부터 교육이 되어 버렸다. 그러기에 아버지의 한 마디는 힘을 발휘하여 어떤 일에나 효과적인 질서를 유지하곤 했다. 그만큼 책임과 의무가 대단했으니 아버지의 아침 기침 소리는 가족을 깨우는 대단한 힘이었다.

그림에도 서양의 그림은 꽉 찬 화폭에 눈이 쉴 틈이 없다. 하지만 동양의 수묵화는 여백을 준다. 누구를 기다리면서 길손이 쉬고 갈 자리를 남겨 놓은 듯하다. 요즈음 우리네 삶은 빈틈없는 하루가 새벽부터 종종걸음을 친다. 태어난 아기도 삼 개월이 채 못돼 엄마의 출근에 맞춰 어린이 집으로 가서 늦게 집으로 돌아오는 생활에 빈틈이 없다. 이상스러운 현대병이 지금 우리에게 집에 있으면 무슨 병에 걸린 것처럼 생각하게 만든다. 무조건 거리를 나서야 마음이 놓이고, 현대를 잘 살아가는 것으로 생각하게 되어 버렸다.

옛 우리네 선조들은 초가 삼 칸에 달을 마당으로 옮겨와 툇마루에 앉아 자연을 보고 자신의 이야기를 밤새도록 나누웠다. 윤 호영님의 작품 달밤이 그렇다. 삼인칭 시점의 화자를 두고 그 얼마나 자신의 심정을 밤을 지세며 대화를 하는 멋스러움이다. 예전에는 못 갖춘마디가 호소력이 있었는데, 요즈음은 모두가 갖춘마디로 한 치의 오차도 없다. 우리네 학력을 보라. 상상도 못할 고학력에 무슨 자격증은 하나 둘이 아니고 열개 이상 지닌 사람이 얼마나 많은지 모른다. 이렇게 주고받는 명함 속에 수없이 많은 자신의 흔적으로 머리가 어지럽다. 문장도 그렇다. 너무 호흡이 길면 독자는 그냥 책을 놓아 버린다. 꽉 공간에 숨이 멈을 지경이다. 요즈음 간이역이 새로운 명소로 각광을 받는다. 빠름에 대한 반발 의식처럼 이제 경쟁하는 데 조금씩 지쳐 가고 있다. 성급한 사람은 그것을 견디지 못하고 포기보다, 아예 목숨을 죽음과 바꿔 버리는 공포감을 만들어 버린다. 우리네 의식도 명품하나 쯤 지니지 못하면 무엇인가 자신이 잘못 살아온 자책감에 젖는다. 우리의 삶도 빈 공간이 없다. 숨통이 막혀 버렸다. 대화가 되지 않는다. 갈등의 차이점의 원인을 알지 못한다. 우리는 남녀 간의 신체적인 차이점은 알지만, 정신적인 면에서는 인식하지 못한다. 남자는 생각 후 말을 하지만 여자는 말하면서 생각한다. 그러니 어디 여자 앞에서 말싸움은 대화가 될 수가 없다. 남녀 간에는 의사를 전달하는 시스템에 기본적인 차이가 있다. 사용하는 언어가 다르다. 남녀 간에 분명한 차이가 있다는 점을 인식하고 상대방을 이해하고자 노력이 필요할 뿐이다. 우리가 즐겨 불렸던 계수나무 한 나무 토끼 한 마리는 지금 어디로 갔을까. 그래도 그때의 시절이 그리워지는 것은 넉넉한 생각이 우리의 삶을 살찌우게 했었다. 무엇이 그렇게 바쁜 일인가. 그냥 가만히 앉아 심호흡을 해본다. 숨 좀 돌리며 사세.

5 | 길 위의 가족

가족을 그리다

오늘 그들에게 무엇을 보여 줄까를 생각한다.

아! 봄에 그들이 느낄 수 있는 것은 봄꽃이 제격이다. 나는 새벽 산책길에서 길섶에 핀 민들레와 매화 가지를 꺾었다. 어쩌면 그들과의 만남에 새로운 변화를 기대하는 마음이다.

아침 식사를 마친 병동은 낯설다. 나는 이야기보따리를 풀어 본다.

"자! 오늘은 몇 칠인가요?"

날짜를 물어 본다. 오늘이 그들에게 아무런 의미를 부여해 주지 못한다. 오히려 매화가 훨씬 그들의 눈에서 봄을 만나게 한다. 봄에 피는 꽃들이 그들의 가슴에서 아롱져 나온다. 진달래, 개나리, 벚꽃 등 정말 오늘은 대박이다. 이제 그들의 가족은 이 병동에 있는 사람들로 구성된 지 오래다. 따스한 음식은 춥고 배고픈 그들에게 그 만남을 깨닫게 해 준다. 연민과 배려의 마음으로 번진 지 오랜 세월이 지나가고 있다. 그 같은 경험이 쌓여 가면서 비로소 사랑의 감정은 서로 도움을 주고 보호 받으면서 살아야 하는 존재임을 느끼게 한다. 아! 놀라운 가족의 힘. 사랑이란 인간의 몸과 몸, 얼굴과 얼굴, 눈과 눈을 맞대는 자세다. 서로를 알아보고 타인과 구별 할 수 있는 사람들로 이루어지는 집단으로써, 제한된 물리적 공간. 가정을 공유하며 가족 간의 사랑이라는 정서를 느낀다. 가족은 함께 식사하는 공동체를 탄생시켰다. 바로 가족과 함께 식사한다는 것은 목숨을 공유한다는 말이다. 김이 모락모락 피어나는 따끈한 밥을 먹으면서 가족들과 함께 배고프지 않고 영원이 함께 살고 싶은 곳이다. 식탁은 사뭇 비장한 결의가 이루어지는 공간으로 가족의 모든 갈등과 불화, 상처와 눈물 역시 그 밥상에서 젓가락질로 나눔을 만나게 한다. 가족 구성원의 결속은 눈물겹다.

오늘날, 가족은 만들 수도 있지만, 동시에 해체될 수도 있는 불안정한 것이 되어 버렸다. 더 이상 확고부동한 고정된 것이 아니라, 사람들은 그 가족제도를 반성하고 고민해야 하는 의심의 대상이 되어 버렸다. '대안 가족' 이 아니라, '대안 개념' 이 적극 모색되고 있는 실정으로 점점 변화의 물결이 일고 있다. 삶의 위기, 정체성의 위기가 늘 새로운 삶 보다 인간적인 삶을 꿈꾸기에 기존 삶의 가치관에 의식의 균열이 일어나고 있다.

요즈음 가장 중요한 가족 문제는 고령자의 핵심 공간이 다른 가족을 만들고 있다. 가족에 대한 기존 개념이 급격히 와해되고 변질되고 있기 때문이다. 지금까지 함께한 삶. 개인의 삶을 규정하는 모든 제도에 대한 반성과 해체의 시기는 일제 강점기, 한국전쟁은 수많은 사람들이 죽고 이별하고 이산과 망향의 고통을 겪으면서, 가족의 소중함을 뼈저리게 느끼게 했다. 전통적인 가족은 조각나 버렸고, 현실 속 가족은 가난과 불구의 몸이 되고, 상처는 이상적인 가족상을 꿈꾸게 했는지도 모른다.

이 세상에 가족만한 것이 없다. 가정을 꾸리는데 사랑과 정서가 최고지만, 가족은 그 물질적 기반을 삶의 자산으로 적극 취해서 보다 풍요롭고 안락한 삶을 만들어 가야 할 뿐이다.

가족은 어머니 품속처럼 언제든 돌아 갈 수 있고 아득한 둥지, 아무런 조건 없이 나를 사랑해 주는 곳이라고 하지만, 과연 오늘날 이런 가족이 얼마나 될까. 가족의 편안함보다 굴레처럼 생각하는 사람들이 늘고 있다.

가족은 나의 힘이 되기도 하고 짐이 되기도 한다. 친밀함 뒤에 미묘한 갈등이 숨어 있기도 하고, 한없이 사랑하기도 한없이 미워지기도 한다. 이처럼 두 얼굴을 지니고 있다. 슬픔과 아픔, 피해 의식을 지닌 이들이 더 많이 늘어나면서, 건강하고 행복한 가족은 단지 의지만으로 되는 문제는 아니다. 의지만 있는 가족은 오히려 가족 구성원을 더욱 부담스럽고 힘들게 한다. 쉽게 얻을 수 있는 것도 아니고, 끊임없이 노력하고 참고 배우며 알아가야 할 사람들이 아닌가. 우리 삶에서 가장 의미 있는 노력의 필요성이다. 왜냐하면, 가족이니까. 살다 보면 우리는 힘든 일을 많이 겪을 수 있고, 마음을 다치고 상하는 일도 수 없이 많다. 우리에게 아픔과 고통의 원인이 되기도 하지만, 그래서 벗어나고 싶지만 보듬어 안는다. 우리의 마지막 안식처이자 피난처 아닌가. 가족 안에서 버림받은 사람은 더 이상 갈 곳이 없다. 그러기에 그 아픔은 실로 엄청난 고통이다.

오늘 그들과의 만남은 가족 보다 더 많은 것을 생각하게 만든다.

다음 주에 만남을 약속하면서 병실 문을 나오자, 그들이 창문으로 나의 뒷모습을 물끄러미 바라본다. 그들은 지금 무엇을 생각하고 있을까.

새삼 돌아가신 어머니 생각이 난다. 어머니의 가족이었고 불현듯 추억처럼 악몽같이 너무 아득해서 실감이 나지 않는 그런 환각들로 머릿속을 마구 스친다. 무덤 없이 그분의 유골을 납골당에 모셔 놓고 돌아오던 날. 그 바람과 햇살이 다시 눈앞에 아롱거린다. 그렇게 생전에 뜨거운 불 구렁에 가고 싶지 않다고 했던 어머니.

봉군 대신 좁은 칸에 갇힌 어머니는 무엇이라고 말하시려나.

가장 먼 여행

땅속의 맑고 차가운 지하수를 길러 올리려면 우리의 만남은 누군가의 마중물의 역할이 중요하다.

치매병동에서 첫 한 마디는 오늘의 수업을 결정하는 대단한 언어 표현이 된다. 그들이 모든 것을 잊고 있는 것은 아니기 때문에, 모르던 것을 이야기만 듣고 알게 되는 경우는 없다. 이미 알고 있었지만 미처 생각을 하지 못했던 것을 불러내는 것뿐이다. 내가 그림을 보여주면 그들은 그 그림을 보는 것이 아니라, 그들의 앨범에서 그와 비슷한 그림을 찾아서 확인 하는 것이다. 설득하거나 주입하려고 해서는 안 된다는 것을 그들을 만나면서 알게 되었다. 사람의 생각은 자기가 살아온 삶의 결론이다. 모두가 다 함께 공감하기는 매우 어렵고, 공감은 매우 중요하다. 그럴 때

"아! 당신도 그런 생각을 하고 있었네요."

이것은 가슴 뭉클한 위로뿐만 아니라 격려가 되고 약속으로 이어진다. 우리의 삶이란 그렇게 짜여 있고, 우리를 끊임없이 소외시키는 소외구조 그 자체이다. 그러한 현실에서 저항하는 인간적 소통은 소외를 극복하는 것이다.

병실 창밖은 녹음으로 짙어지고 있다. 초여름이다. 나는 봄과 여름까지 그들의 병실에서 함께 수업이 이어진다. 봄에서 여름까지 치매환자와 참 많은 이야기를 나누게 될 것이다. 더구나 아침 식사 후의 시간이다. 우리는 먼동이 튼 새벽에서 한낮 점심시간 전까지 그들과 동행을 한다. 위로와 격려, 공감과 소통의 장이 될 수 있게 많은 들판의 야생화를 보여준다. 병동 교실에는 정해진 책이 있는 것은 아니다. 그들에게 전하고 싶은 이야기 중심으로 진행할 뿐이다. 자연히 오래 전의 이야기가 많고, 그렇기 때문에 먼저 계몽주의의 프레임을 허물어야 한다.

세상은 조각 모음이 아니고 또 줄을 세울 수도 없다. 우리의 대화는 여기저기 우연의 점들을 찍어 갈 뿐이다. 순서도 없고 질서도 없다. 우리의 삶이 그런 것처럼.

지금까지 살아오면서 우연이라고 생각했던 것들이 어느 날 문득 인연으로 이어졌다는 것을 깨닫게 된다. 그리고 그러한 인연들이 모여서 운명이 되기도 한다. 나의 생각도 마찬가지다. 여기 저기 우연의 점들을 찍어 나간다. 그것이 서로 연결 되어 선이 되고 인연이 된다. 그리고 인연들이 모여 면面이 되고 장場이 된다.

들뢰즈는 장을 배치라고 했다. 오늘 우리가 나누는 담론들은 몇 년 후 아니 몇 십 년 후 고독한 밤길을 걷다가 문득 만나게 될지도 모른다. 추억은 세월과 함께 서서히 잊혀 가다가 어느 날 문득 가슴 찌르는 아픔이 되어 되살아나곤 한다. 계몽주의의 모범과 강의 프레임은 이 모든 자유와 가능성은 봉쇄한다. 친구가 될 수 없는 자는 스승이 될 수 없고, 스승이 될 수 없는 자는 친구가 될 수 없다.

강의 준비를 많이 하다 강의를 망치지 않을까 걱정이다. 수업은 미리 준비한 지금 계절에 한창 피는 야생화들이다. 밖을 못나가는 환자에게 나는 새벽 산책길에서 피어 있는 들꽃을 한 아름 꺾어 온다. 오늘 보여 드리지 못하면 다음 주에는 이 꽃들을 보여 드릴 수가 없다. 자연은 나를 기다려 주지 않기 때문이다. 비 오는 날 비탈길에 핀 하얀 찔레꽃 가지를 꺾다가 미끄러져 발목을 삐어 한동안 붕대를 감고 다녀야 했다.

오월의 줄장미가 나의 가슴에 여러 가지 파문으로 다가오는 것은, 오월에 어머니를 떠나보낸 충동감에서 벗어나지를 못하는 이유 때문이다. 유달리 꽃을 좋아하시던 어머니가 지금 한 아름 장미꽃 받고 좋아 하시던 모습이 그들의 얼굴에서 피어난다.

유달리 치자 향기에 얼굴이 환해지는 노인. 그 꽃으로 인해 순간적으로 기분이 좋아지고, 말문이 트이는 현상과 모든 기억은 누구나 그렇듯이 단편적이고 파편화 되어 있다. 그들은 어느 순간 불쑥 현재의 내 시간 속에 뛰어 들어 지금의 나를 제멋대로 잡아먹곤 한다. 나이 먹을수록 가까운 기억은 빨리 사라지고 오래된 기억만이 선명하게 남는 현상이다.

가까운 시점의 기억이 빨리 사라지는 건 틀림없지만, 그렇다고 오래된 기억이 선명하게 남는 것 같지는 않다. 그것은 기억 자체가 아니라 지금의 내 욕망이 나도 모르게 과거 한 부분에 투사된 상태일 가능성이 높다.

기억의 진실성은 결코 그대로 믿어서는 안 된다. 그럼에도 부정할 수 없는 건 사람은 기억하는 만큼 산다는 사실이다. 기억은 과거의 것일 뿐 아니라, 지금 나 자신을 구성하고 있는 모든 것이기도 하다. 내 기억을 구성하는 많은 것들 가운데 어려서부터 접해온 많은 책과 노래, 영화와 드라마들은 어떤 식으로든 내 안에 흔적을 남기고 있다.

지금 내가 생각하고 느끼고 바라보는 것들은 대부분 그 시절에 형성된 어떤 원형의 감성에 기대고 있다. 아마도 그것은 나와 비슷한 시대를 살며 비슷한 경험을 해온 우리 세대에 많은 사람들이 함께 가지고 있다. 사람들은 한참 감수성이 예민하던 시절 경험했던 문화적 세계의 영향을 결코 버리지 못한다. 우리가 하기 좋은 말로

"시가 밥 먹여 주냐."

시가 밥 먹여 주지는 않지만, 배고픔을 잊게 하고, 그림은 외로움을 달래주며, 음악은 적막함을 덜어 준다.

나는 가끔 엉뚱한 생각을 한다. 인간은 일상과 건강과 행복만으로 살 수 있는 게 아닌데, 어쩌면 어른인 우리가 생을 버티고 살 수 있는 것은 그렇게 배운 기억 때문인지도 모른다고.

오늘 그들과의 만남이 네 삶의 한가운데를 사는 중요한 날이 아닐까 싶다. 아침까지 내리던 비는 병실 문을 나서자, 흰 구름이 씽긋 눈웃음을 짓는다.

오늘은 며칠인가요

세 병동을 두 달씩 옮기면서 그들과 만난다. 그러다 보면 6개월에 한 번꼴이다. 점점 만남이 전보다 희미한 그림자로 느껴지기도 하지만, 그만큼 측은한 분위기도 없지 않다. 병동이 바뀌는 첫 날은 왠지 가슴이 울림으로 닿고, 그때 만났던 사람이 보이지 않는다면 그것은 우리의 삶이 아니라는 것을 생각한다. 이제 노인 전문 병원은 또 다른 길 위의 가족들로 만남이 이어진다. 혼자서 자신을 건사하기에는 너무 힘든 정신과 육체다. 오늘은 유난히 혼란스럽다. 어제 들어온 환자가 집에 가겠다고 병원을 확 뒤집어 놓는다. 그동안 생활한 그들만의 삶이 이곳에서 적응하기는 너무나 많은 시간을 필요로 한다. 대충 분위기를 정리하고 다시 그들의 과거 속으로 시간 여행을 떠난다. 사람과 사람의 관계는 어쩌면 대화가 소통되지 못할 때다. 서로 간의 무관심이 최대한의 적이다.

칠판에 연도와 달을 쓰고 오늘 날짜를 물으면 모른다. 참 이상하다 그리고 요일은 잘 안다. 어느 병동을 가도 마찬 가지다. 나는 괄호로 표시하고 맞추면 선물을 준다고 사탕을 내 보인다. 그러면 눈이 반짝인다. 입안에 무엇을 먹다 삼키듯 아는 숫자를 말하곤 하지만 너무나 먼 숫자에 불과하다.

그것이 너무 길게 되면 오히려 무기력해진다. 나는 가져간 교재물중에 예쁘게 물든 단풍잎 하나를 보여준다.

"자! 이 나뭇잎은 무엇일까요?"

그들의 눈이 조금씩 반짝이기 시작한다.

무엇인가 자신들이 보아온 생각이 떠오르기 시작한다. 치자나무, 동백나무, 코스모스 등을 말하는 사이 자신들의 이야기가 여기저기 말문이 트인다. 모르겠다가 버릇이 된 그들 속에 사탕은 어쩌면 하나의 다른 과거 속에서 자신을 건져 보려는 작은 반란이 된다. 잎에서 열매를 만나게 하고 그 열매를 다시 다른 모습으로 상상의 나래 짓을 하게 만든다. 우리는 이렇게 시간의 타이머신을 타고 그 유년으로 골인하는 회상치료로 골인하는 것이다.

잠깐 접어둔 조금 전에 대한 오늘 며칠 인가요? 연도는 척척 말한다. '2014년도 10월( )일 금요일' 달도 요일도 척척인데 오늘을 모른다. 현재인 지금을 모른다. 어찌된 일인가. 그러다 나 자신도 모른다. 이런 것 속에는 새로운 오늘의 날짜에는 여러 가지 숫자가 나온다. 생일과 제사의 숫자에는 민감하다. 야! 신기한 일이 아닐 수 없다.

그러다, 우리는 자축한다. 몰라도 아무런 상관이 없다고 그냥 '하하 호호' 하면서 몰라도 그만이라고 서로를 위로한다. 우리가 지금 밥 할 일도 없고 시장 갈 필요도 없으니 아무런 걱정이 없다고 풍선에 바람을 불어 넣는다.

비가 오거나 흐린 날은 바깥 기온에 대단히 민감하다. 확연히 분위기는 민감함을 엿보인다. 만사가 귀찮고 덧없음에 창밖을 물끄러미 바라다보고 있다. 그동안 잊고 있던 수많은 생각들이 한꺼번에 봇물 터지듯 밀려 나오나 보다. 침통함과 비통함에 휩싸인다. 가야 한다. 집으로, 외침이다.

"보이소. 아지매, 나를 집으로 좀 데려다 주이소."

"차비는 집에 가서 줄게요."

너무 애절하다. 아기가 엄마의 품이 그리워 칭얼 되는 모습이다.

무엇이 그녀를 부르는가. 돌아가야 한다는 절박감일까. 집에 두고 온 자신들의 소지품을 정리해야 한다는 마음자리다. 그동안 믿지 못하는 고부간의 말다툼에서 무엇인가 자신의 손으로 해결해야 하는 마음이 너무나 간절하게 마음을 바쁘게 한다. 자신의 장롱 속에 들어 있는 물건들이 자신이 아니면 다 없어진다는 생각이 그를 부르고 있다. 가야하는데 가야 한다고, 늘 상 창문 쪽으로 눈을 주시한다. 그러다 자녀들이 오는 날은 대박이다. 그것도 자신과 만남이 이루어지지 않을 때면 허기진 얼굴이 되어 창문만 한없이 바라다본다. 또 기다림이다. 한없이 기다린다.

인생은 기다림이라 했다. 어느 수필가의 수필 제목이다. 그날 누군가가 온 날은 입가에 함박웃음을 머금고, 수업은 뒷전이다. 이 세상 무엇을 다 준다고 해도 이 만큼 좋을 수가 있을까. 기다림의 대가의 희열감은 그녀의 몫이다. 덩달아 좋을 수 없는 것은 오지 않은 자의 애절한 마음이 얼굴에 슬픔 사연으로 남겨지기 때문이다.

나는 그들이 색칠한 강아지 그림 속에서 그들의 삶을 다시 만나기에 바쁘다. 이름도 불러 보고 새끼를 열 마리를 낳아서는 팔아서 딸 시집 갈 때 줄라고 냄비를 선반에 올리다 코 등에 떨어져 퍼렇게 멍이 들기도 했지만, 냄비가 쭈그려들지 않아 정말 다행이었다고 하는 소리에 우리는 하하 웃음을 금치 못한다. 코 등에 솟은 땀방울이 어쩌면 때 묻지 않은 어린이의 순박함이다. 아무런 가식 없는 얼굴에서 신바람이 난다. 나의 할 일은 날마다 변화다. 병원 차림으로 지내는 그들에게 크레파스 24색은 그들이 마음껏 새로운 세상을 만나는 그들만의 세상을 만들어 간다.

그림속의 강아지는 그들이 아끼는 남편도, 아들도, 손자도 된다.

그곳에 각자의 이름과 사랑하는 사람의 이름도 적어 본다. 제일 사랑하는 사람에게 강아지 그림을 선물로 주기로 결정한다. 그들의 사랑은 너무나 순수하다. 한없는 자애로움이다.

그들과의 만남이 있는 날은 나도 마음의 분산을 떤다. 장롱 문을 몇 번이나 열어 본다. 머릿속에는 그들을 위해 무엇이 제일 입맛을 당길 수 있을까 하는 마음이다. 가끔 그들에게 물어 보면 고급 마트에는 보이지 않는 거리에 파는 뻥튀기며, 풀빵, 건빵 추억의 음식이다. 그들은 그것이 지금 그리운 것이다. 엄마가 먼 읍내 장에서 종종걸음으로 사온 그들이 먹어본 그것이 한없이 먹고 싶은 것이다. 나는 검정 비닐에 그들이 먹고 싶은 음식을 담아 내보인다. 이곳에 무엇이 들어 있을까요. 궁금증은 그들에게 새로운 자신을 만나는 기회를 부여받는다. 그들의 말속에 오늘의 대답이 일치 할 때는 다 함께 박수를 친다. '야! 어떻게 알아서요. 박사다'. 너무 이렇게 잘 알면 곤란한데요. 다음부터 선생님이 올 필요가 없는데요. 잔뜩 신바람이 난 교실에는 간호사와 의사선생님이 업무를 보다 고개를 짓을 하며 한몫을 한다. '야, 어머니 잘 하시네요' 색깔도 잘 칠하고 그들도 그동안 보지 못한 광경에 새로운 그들을 만나게 된다.

"자. 강아지 그림에 무엇을 달아 주면 좋을까요?"

'음, 방울이다. 종이다. 노끈이다. 줄, 밥을 준다.'

밥을 준다. 하는 소리가 나오기 무섭게 밥을 어째 달아 주노, 하고 마구 핀잔을 하기 시작한다. 나는 그 순간을 이용하여 찰랑 찰랑 소리 나는 아가의 앙증스러운 신발 한 짝을 보여준다. 그 순간은 벌써 아득한 옛일이 되어 버린다. 그들에게 새로운 변화가 시작된 것이다. 대단한 인기 품목이다. 그곳에서 자녀를 키워온 지난날을 만나게 한다. 그들은 다시 신발 속으로 지난날들이 그 신발 속에 담겨져 있을 것이다.

길 위의 가족

"할아버지 그것은 뭐예요?"

검정 비닐봉지를 들고 같은 시간 때 노인전문 마을버스를 타는 노인에게 나는 말벗이 되고 싶은 충동이었다.

"휴지네요, 이제 아무것도 먹을 수 없고 아무도 몰라요."

7년이라는 세월을 하루같이 병원을 오가며 아내를 간병한다는 노인의 얼굴에 이제 지친 삶의 무게가 어깨 위에 눌러앉았다.

"정말 일세 좋고 똑똑한 사람이 왜 그렇게 되었는지 모르겠네요."

요즈음 노인들의 수명이 늘어나면서 가장 무서운 것이 바로 치매라는 얄미운 놈이 곳곳에서 노인 병원들로 우리를 다시 만나게 한다. 멋모르고 자식들과 삶의 무게에 짓눌러 제대로 허리 한번 펴보지 못한 채 살아온 나날들이, 이제 누구에게 나를 의탁 할 수 밖에 없는 현실이 되고 말았다.

처음 병원에 들어올 때는 공허함과 외로움과 배신감으로 몸살을 앓는다. 무의식 속에도 그들만의 의식은 있기 마련이다. 어둡고 침울한 순간들과 구름이 잔뜩 낀 아름다운 하늘을 가릴 때가 왜 없었겠는가. 그래도 항상 곁에서 따뜻한 밥상을 받으며 큰 소리쳐도 아무런 대꾸 없이 감사 주며 배려해 주던 그 시절이 영원히 자신의 삶인 줄 알았다며, 그동안 부인이 그렇게 병들어 있는 줄 미처 알지 못한 후회와 죄책감이 눈물이 되어, 하루도 빠짐없이 병실을 찾는다.

저녁이면 홀로 잦은 소주잔에 자신의 삶을 담아 공허함을 달랜다는 노인의 모습이 눈에 선하다. 멀리 떨어져 사는 자녀가 보내주는 돈으로 병원비를 충당하고 사는 노인이 얼마나 많은지 모른다.

어떤 면에서는 혈육보다 더 가깝게 돈독한 관계로 집에서 느끼지 못한 가족애를 간호사와 간병인을 통해 느끼는 새로운 삶을 살아가고 있다.

사회가 수많은 파편으로 조각날 때 마다 가장 심한 고통을 느끼는 이는 바로 노인들이다. 가족과 함께한 공동체 안에서 느끼던 유대감이 무너져 심한 상처를 입기 때문이다. 이제 늙으면 무조건 병원으로 간다는 것이 현실이 되어 버렸고, 돌봄을 받는 데서 그

치지 않고 계속해서 사랑을 하고 나눌 수 있기를 원하기 때문이다. 나이가 들었다고 해서 사회 일선에서 물러나야 하는 것도 아닐진데, 스스로 쓸모없다는 생각을 주위에서 제공한 면도 없지 않지만, 유쾌하면서 뜻 깊은 삶을 살려는 변화와 희망이 필요함이다. 다른 사람의 삶을 변화시키기 위해 돕고 섬기는 대신 노인들끼리 간식을 먹고 텔레비전 앞에 앉아 시간을 보내고 병원을 전전하며 처방받는 온갖 약을 복용하면서 늙어가는 사람들로 시간을 주체할 수 없어 우울증에 알코올 중독에 빠지고…….

심한 장애가 없는데도 가족과 격리되어 병원에서 지내는 노인도 곳곳에 넘쳐 나고 있다. 가까이 자녀가 살아도 부모 모시기에 적합하지 않다고 무조건 병원으로 가서 살 수밖에 없는 지금의 현실이 안타까움이다.

돌봄을 받는 노인들은 자신이 버림받고 아주 쓸모없는 존재라는 자괴감에서 벗어나 삶의 존재감도 되찾아야 하는 마음자리다.

처음 병동으로 들어오면 그동안 삶의 습관이 자신에게 대단한 굴욕감으로 온통 병원 안은 난장판이 된다. 하지만 이곳도 공동체에 대한 또 다른 삶이 그들의 인생을 새롭게 펼쳐간다. 집에서 외로움에 시달리다 따뜻한 물로 목욕을 시키고 머리를 빗겨 주고 빨래를 해주고, 사람들이 가까이 있다는 안도감에 차츰 얼굴빛은 온화함에 자신을 맞추어 간다. 특별한 존재가 된 느낌. 누군가 진짜로 다른 사람을 향한 사랑의 섬김도 중요함이다.

우리는 나이들 때 서로의 역할을 평가하는 잣대를 바꿔야 한다. "노래를 정말 잘 하시네요, 연세에 비해 정정하시네요, 많이 젊어 보여요"하며 삶의 활력소를 만들어 주어야 한다. 과거만 되새김질하며 낡은 잣대로 자신의 가치를 재고 남과 비교하면 자기만 늙어 보일 뿐이다. 다른 사람에게 항상 짐이 되고 부담스럽다는 마음이 힘이 없고 나약한 노인으로 만들어 간다.

인생의 먼 길을 여행해 왔기 때문에 우리가 막 배우려고 하는 걸 그들은 이미 삶으로 살았기 때문에 나눠 주고, 섬기는 일만큼 인생에서 중요한 것은 없으리라. 노인들이 정작 원하는 것은 그저 자기 이야기를 들어 줄 한 사람이면 족하다.

어린이와 노인은 서로 차원이 다른 선물이 아닐까. 노인에게는 경험에서 얻은 지혜가 있지 않은가. 인생의 먼 길을 여행해 왔기에 우리 앞에 놓인 길에 관한 지혜를 들려 줄 선물 보따리가 여러 개 있음을 젊은이들은 잊고 살아갈 뿐이다. 우리가 막 배우려고 하는 것을 그들은 이미 삶으로 살아 왔기 때문이다. 아침과 저녁이 하루를 완성하듯이 어린이와 노인이 인생의 여정을 완성하듯이 어린이와 노인이 인생의 여정을 완성한다는 사실을 기억해야 하리라.

우리가 할 수 있는 것은 섬김이다. 젊은이가 여정의 첫발을 내딛고 걸어갈 때 나이든 사람은 균형감각을 잃지 않도록 도우며, 자신이 인정하던 안 하던 그 많은 지혜의 판단까지 함께 하리라. 인생의 폭풍이 지날 때 든든한 닻이 되어 줌이 아닐까.

저녁 무렵 마침내 해가 지평선 뒤로 넘어간 후에도 낮 동안 해가 했던 일의 흔적은 한 동안 남아 있다. 해가 지평선을 넘어간 뒤에도 하늘은 한 동안 붉게 타오른다. 선량하고 위대한 사람의 일생도 그러하리라.

마침내 그의 인생에 황혼이 닿을 때, 세상의 하늘은 그가 떠나고 난 뒤에도 한참 동안 빛나지 않은가. 우리 곁을 떠난다 해도 영원히 떠나는 것은 아닐 것이다. 옛 시절의 사람들은 비록 평균 수명은 짧아도 알차고 생산적인 삶을 살다 갔다. 아마 지금 우리보다 더 생산적인 삶을 살았는지도 모른다. 섬기는 법이나 긍휼히 여기는 마음을 배우며 치매환자를 돌보면서 그들의 사랑을 받은 만큼 멋지고 보람 있는 일은 없지 않을까 싶다.

검은 봉지를 든 할아버지는 이제 만날 수가 없다.

치매병동에서

여태껏 걸어왔던 육신의 가난보다
포기해 버린 부서진 영혼들
해맑간 웃음 속에 삶의 쉼터 어디인가.

현실을 피해버린 지금의 망각으로
외로움은 어느새 삶의 침묵

그 빈자리만큼이나 어두워진
좁고 긴 터널
기다림에 지친 외로운
시간이 멈춰 선
세상 밖에는
삶의 기도만큼이나 아프게 서 있다.

혼자 못사는 것도 재주

올해 여름은 몸값을 톡톡히 한다.

우리는 즐겁게 만남의 장소에서 반가움을 나누면서 한 달 동안의 변화를 나눈다. 아무런 준비 없이 함께 한 친구의 표정이 너무나 어둡다. 친구의 남편이 6개월의 죽음 앞에 눈물로 시간을 보낸다고 했다. 갑자기 더위 먹은 정신이 갑자기 얼음 속으로 들어가는 냉한 분위기다. 아무도 말이 없다. 어떤 위로의 말이 그녀에게 도움이 될까.

나의 짧은 생각으로 그래도 자녀도 잘 키워 그들의 작은 둥지 만들어 둔 것만으로 얼마나 다행인가를 입속에서 내빼고 씹었지만, 내 말 주변의 용량이 너무 모자란다는 생각이 들었다.

그랬다. 아직도 우리의 만남에서 죽음에 대해 한 번도 생각하지 못하고 남의 죽음을 전해 들었을 뿐이다.

젊어서 보면 인생은 무한히 긴 미래인데 늙어서 보면 매우 짧은 과거일 뿐이다. 그래도 자신의 삶에 희망가를 부르면서 죽음에 대해 생각해 보지 않았는데, 이제 이런 것을 고민해야하는 삶의 가운데 와 있음을 생각하는 시간이 되었나 싶다. 허접스레기를 일소하는 일에 힘을 쏟고 살았다는 생각을 이 순간 하게 된다.

우리의 삶은 목표 지향적 행위에 온통 바쳐졌으며 거기에 숱한 시간을 들인 뒤 어느 날 아침 선물과는 거리가 먼 이런 이야기의 공포의 선물을 만나게 되나 보다. 무슨 이유로든 댐의 수위를 넘는 물이 기어이 넘쳐흐른다는 절박한 순간이다. 소외는 정작 가족 내부에서 일어나고 있었다. 사람들은 미처 하지 못한 말들을 품고 세상을 떠나고 과거의 문제들로부터 숨기를 계속하는 실패 감을 삶의 직조물을 관통해 내처 달리도록 허용하는 일이나 다름이 없지 않은가

낙담과 실패를 던져 넣어 두었던 해 묵은 옷장을 열어젖히는 것은 지난 시절의 고통과 실망이 대개는 의미를 지니고 있었음을 알게 되는 기회를 부여받는다.

현실과 화해할 기회를 얻는 것이다.

주어진 삶을 살고 싶지만 어느 덧 죽음의 공포와 맞서야 한다.

공포를 떨치고 죽음으로부터 달아날 방법은 없을까.

우리는 모든 것을 외부에 있다고 믿는 매우 어리석은 실수를 저지르면서 자신의 삶에 무언가를 더 하면서 외로움이라는 감정을 피할 수 있는 것이라 믿는다. 그 감정이야말로 스스로의 인생과 의미를 마주하게 도와주는 열쇠임을 결코 깨닫지 못한 채 어리석음을 반복할 뿐이다.

나는 문득 조병화 시인의 「깊이 사귀지 마세」를 띄워 보낸다.

깊이 사귀지 마세

깊이 사귀지 마세
작별이 잦은 우리들의 생애
가벼운 정도로 사귀세
악수가 짐이 되면
작별을 하세

중략

내가 너를 생각하는 깊이를
보일 수 없기에
네가 나를 생각하는 깊이를
보일 수 없기에
작별이 올 때

후회하지 않을 정도로 사귀세
작별을 하며
작별을 하며 사세
작별이오면
잊어버릴 있을 정도로
악수를 하세
그러세~~

이제 평온한 태도 속에서 열정적이고 충만한 희망이 자리 잡고 느낄 수 있도록 마음의 노래를 한다.

삶의 끝자락에 서 있음은 불현 듯 느끼게 되어 준비 없이 닥치는 죽음의 고비에 동반되는 그런 공포 시간을 깨달음과 함께 해 왔다는 것에 그 감정이랴 말로 스스로의 인생과 그 의미를 마주하게 도와주는 열쇠임을 결코 깨닫지 못한 우리의 마음자리다.

혼자의 행동 거무스름한 증오가 스멀스멀 피어난다. 내가 번 돈이라고 마음대로 사용하면 공동체의 폭력을 키우는 것처럼, 지금 나 자신이 너무 많은 위로를 하는 것도 구차스러운 행동인지 모른다.

인간이라면 누구나 병에 걸릴 수 있고, 상처를 입거나 나이를 먹으면서 생산성을 잃어갈 뿐이다. 혼자 살아간다는 것은 요즈음 젊은이의 편한 생각인지 모르지만, 하지만 결코 그렇지 않다. 그동안 함께한 공생하는 일이 얼마나 중요한지 깨닫는 순간이다. 우리가 경제적 자립이 어려워서 그런 것 보다 가까운 사람과 함께하지 않으면 살아가기 힘든 시대다. 뭉쳐야 산다. 외로움이라는 그 공간을 어떻게 막을 수 있을까 하는 두려움이 이 친구에게 너무나 무서움으로 다가오기 때문일 게다. 시간은 하루하루 급행열차를 타고 달려가고, 어느 정류장에서 우리의 삶의 끝자락을 내려 줄지 모르지만, 그래도 오늘이라는 행복의 열차를 우리는 바꾸어 타고 씽씽 달려야 하지 않을까.

친구야! 이제 남은 순간을 멋지게 꿈의 열차로 타세요.

하루를 천년처럼 그래 노래 가사에 천년을 빌려 준다면 하는 그 노래가 어쩌면 너에게 딱 맞는 노래가 아닐까.

당신을 사랑하고 정말정말 사랑을 하고, 나는 이렇게 마음의 애절한 노래가사에 그녀의 간절한 마음을 싣는다.

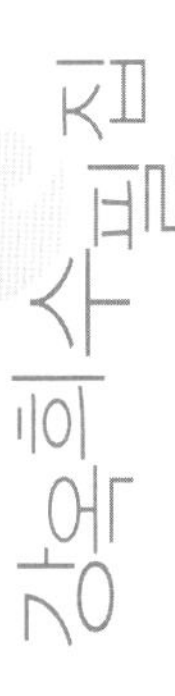

6 여행은 연인이다

모스크바의 진한 사랑을 훔친다

사람들이 모여드는 붉은 광장.

문득 떠오르는 모스크바의 색깔은 회색이다.

머릿속에 스치는 선입관. 별로다. 왜 그럴까 그것은 공산주의에 대한 잘못된 생각과 세계사를 배울 때의 선생님의 설명이 아닐까 싶다. 우리가 정말 제대로 알고 사는 것이 무엇인지 잘못된 앎이 나를 편견으로 만들 줄 뿐이다.

공황을 빠져나와 처음 본 모스크바의 첫인상.

회색빛의 오래된 건물들이 변화된 세상에 적응하지 못하고, 힘을 잃은 노년의 모습을 떠오르게 한다. 낡고, 지저분하고 어딘지 모르게 황폐해 보인다.

러시아는 세계에서 가장 큰 땅을 가진 나라다. 특히 모스크바 국립 대학교 건물 같은 스탈린 시대에 만들어진 건축물을 보면 이곳이 정말 땅덩이 큰 러시아의 수도라는 사실을 실감하게 된다.

모스크지 드는 기운에 젖는다. 소비에트 시대의 강한 힘이 남아 있어 보이지 않게 나를 지켜보는 것 같아 으스스하기까지 하다. 기나긴 세월 수많은 사람의 이야기를 들어준 마음 넓은 노년의 현자 같은 느낌마저 든다.

1900년부터 함께 있었다는 궁 백화점 삶의 냄새가 진하게 배어나는 곳. 궁전 같은 궁의 화려한 전경. 궁의 아름다움과 정원 같은 아트리움을 얘기하는 사람들은 많지만 그곳의 뒷모습에 관심을 두는 이는 없는 듯하다. 나 역시 궁전과 정원의 화려함에 한 동안 넋이 나가 버렸다.

17세기부터 세워지기 시작한 바로크양식의 기둥 하나하나에 새겨진 섬세한 조각들. 그리고 그 조각들로 꾸며진 건물이 눈부시다. 한때 번영했던 이곳의 모습을 건물 속에서 엿 볼 수 있다.

붉은 광장은 아름다움의 의미를 가진 '그라스나야' 라고 하는 모스크바의 중심 광장을 뜻한다. 우리가 알고 있는 붉은 광장은 공산주의 붉은 색과 연관 지어 혁명과 관련 하지만 사실은 러시아로 '아름다움'이란 의미다. 러시아의 중요 행사나 페스티벌이 있을 때에는 어김없이 이곳에서 모든 행사가 진행되며 지리상으로 모스크바의 중심이다. 얼굴의 코로 생각하면 된다. 이번 러시아 여행으로 붉은 광장은 아름다움이라는 새로운 뜻을 알게 되었다. 모스크바의 대표하는 상징 건물은 바실리 성당이 으뜸이다.

250년 동안 러시아를 점령했던 타타르족을 항복시킨 것을 기념하기 위해 지어진 성당으로 양파 지붕을 닮았다. 선명한 색깔이 팝아트를 연상시키는 막대사탕처럼 우리나라 롯데월드 느낌이다.

6년에 걸쳐 성당이 완성되자 건축을 명령 했던 이반대제는 그 아름다움에 탄복했다. 이 소문이 이웃 영국 여왕까지 전해져 그녀는 건축가들을 초청하여 바실리 같은 건축물을 지으려고 했다. 그러자 이반 대제는 이와 같은 성당을 다시 짓지 못하게 하려고 설계자인 포스토닉과 바르마의 눈을 뽑아 버렸다. 이 설명을 가이드에게 듣는 순간 아름다움보다 건축가의 불쌍함이 한동안 눈앞에서 떠나지 않는다. 이곳 광장을 보기 위해 관광객과 신혼부부의 발길이 유난히 거리를 출렁이게 한다. 유난히 눈길을 끄는 동상이 행여 이 건축가의 위령비인가 했더니 17세기 폴란드의 침공에 맞서 의용군을 조직한 미린과 빠좌트스끼를 기념하는 모스크바의 최초의 동상이란다. 무력한 짜르를 대신해 모스크바를 지켜낸 두 영웅의 모습을 1818년 청동으로 재현한 것이다.

활기찬 러시아인들의 모습.

알렉산드롭스키 정원과 마네쥐 광장

알렉산드롭스키 정원과 마네쥐 광장은 크레믈과 붉은 광장 사이에 있다. 여름이면 꽃밭이 아름다워 잠간의 휴식을 원하는 모스코비치들과 세계 곳곳에서 온 관광객들로 장사진을 이룬다.

알렉산드롭스끼 정원은 2차 세계대전에 참가한 무명용사의 넋을 기리는 묘위로 365일 꺼지지 않은 불길이 타오르고 있다. 그 옆으로는 당시 참가한 소비에트 연합 군인들의 묘비를 추모하는 꽃다발이 정교하게 놓여 있다. 이곳을 지키는 위병들의 모습이 밀랍같다. 이곳에 근무를 마치면 모든 사회보장이 확실하다고 한다. 마네쥐 광장은 예친 대통령 집전기까지 민주화운동을 벌였던 곳으로 지금도 큰 집회와 젊은이들의 기운이 넘쳐 활기에 차 있다.

첫인상이 흥미롭다.

높고도 우뚝 솟은 콧날과 날카로운 눈매 빨간 계급장에 모자를 쓴 제복. 영화 〈러브 오브 시베리아〉 영화의 한 장면을 이곳에서 만난 듯 여행의 보너스다.

사관생도의 졸업식에 나오는 사원 광장에서 그들의 앳된 모습을 직접 만난다. 오는 날이 장날이라 사관생도의 졸업식이다. 절제된 사관생도들과 짜르의 위엄 있는 모습들. 우리 여고생 모습의 앳띤 얼굴에 머리를 곱게 원통으로 땋은 것이 무척 인상적이다. 그레믈 안에는 이제 러시아 황제 짜르가 살지 않는다. 그 자리를 대신해 러시아 연방 대통령이 기거하고 있다. 궁 안에는 화려한 삶의 기록들이 남아 있어 사람들을 이곳으로 부른다.

낮에 은은히 울리는 종소리.

러시아 모든 시계의 초점과 분침을 맞추는 시간을 알려 주는 종鐘이다.

러시아인의 시선이 스바스까야 탑의 시계로 쏠린다. 크레믈이 나침반의 정 중앙이다. 냉전의 기류가 흐르던 그때 그 시절. 크레믈은 붉은 별의 아이콘으로 알려져 있다. 유별나게 신혼부부의 하얀 드레스 차림이 거리를 눈부시게 한다.

하얀 리무진을 타고 친구들이 어울려 도시를 한 바퀴 돌아 늦도록 자축하는 모습이 너무나 인상적이다. 유달리 모스크바 대학의 넓은 정원은 어쩌면 그들의 또 다른 신혼 여행지이자 휴식공간이다. 우리나라처럼 신혼여행은 따로 가지 않고 그들의 역사관을 만나고 조상들의 삶을 참배하는 정신문화를 배운다. 새로운 인생의 첫 출발을 그들은 이렇게 의미를 부여하는 모습이 나의 마음을 사로잡는다. 6월의 실록은 그들의 새 출발을 더욱 힘차게 축복하는 듯하다.

우스뻰스끼 사원으로 들어선다.

러시아 정교의 중심지 이 사원은 유명한 이탈리아 건축가가 만든 러시아 최초의 석조건물이다. 교회 내부를 휘감고 있는 수많은 이꼰들을 보면서 어떻게 저걸 다 그렸을까 싶다. 그저 눈을 들어 쳐다보기가 바쁘다. 15세기~19세기에 걸쳐 모든 황제의 결혼식과 대관식이 열리기도 한 이 사원은 러시아 보물1호다.

아르한겔스끼 사원은 성미카엘 천사 사원이라고도 하며 전통적인 러시아 건축에 르네상스 시대 베니스 궁전건축의 선을 첨부하여 건축한 사원이다. 이 사원에는 이반 대제와 그 아들의 유골이 안치 되어 있고, 표트르 2세 역시 이곳에 매장 되었다. 이반대제의 종루에는 모스크바에서 이보다 높은 건물을 짓지 말라는 대제의 명이 탑 상층부에 황금으로 적혀 있다. 모스크바의 가장 높은 탑으로 종루와 종각에는 21개의 종이 있으며 가장 큰 것은 무려 70톤이나 된다니, 이것이 그때의 자신들의 권력의 힘을 새롭게 느끼게 한다.

바쁘게 걷는 남성의 모습.

퇴근길 꽃집에서 장미꽃 한 다발을 사 들고 모스크바에서 사랑의 증표인 열쇠나무에 사랑하는 커플의 이름을 쓴 열쇠를 걸어 놓은 나무와 다리가 있는 드레찌아급스까야 미술관

그 근처에 있는 사랑의 나무다리와 노보데비치 수도원 앞 호수안다리다. 열렬히 사랑하는 징표를 남기기 좋아하는 모스코비치들의 수많은 붉은 하트 무늬 열쇠들을 가득하다, 나도 이름을 새겨진 제작된 열쇠하나 다리 어딘가에 걸어 둔다. 행운의 애인을 만난다는 마음으로…….

6월의 모스크바 밤은 백야다

낮인지 밤인지 모른다.

석양이 질 무렵이 우리나라 밤의 11시경이다.

그야 말로 노을이 환상의 밤을 장식한다. 생생한 밤에 환희 밝은 낮처럼 시간을 가름 할 수가 없다. 세계사를 배울 때 먼 나라의 동화 속의 이야기로 들었는데, 꿈같은 시간을 이곳에서 맞다니, 나는 길 잃은 나그네가 된다.

모스크바 국립대학으로 발길을 옮긴다.

단일 건물로 세계에서 가장 큰 규모를 자랑하는 러시아의 엘리트들의 공부하는 러시아 제일의 종합대학이다. 1949년~1953년 사이에 지어진 것으로 높이 240m을 자랑한다.

수업과 학교 업무를 위한 중앙의 본관을 비롯해 양쪽이 날개처럼 펼쳐진 건물이 기숙사로도 운영되고, 러시아 대학 로마노소프를 중심으로 설립된 대학이기에 건물 앞쪽에 그의 거대한 동상이 서 있다.

이곳에서 노벨 수상자가 무려 8명이나 탄생했다니 그 진가를 넉넉히 짐작할 수 있다. 그 건물을 바라보면서 그들의 기운을 조금이라도 담아 보려고 큰 숨을 들어 쉰다. 이 기운이 좀 글쓰기에 명약이 되길 염원 하면서 마음으로 품는다. 그래 이제 사랑의 거리로 가보자.

아르바트의 거리.

푸스킨과 그의 아름다운 아내가 신혼을 보낸 아파트와 그들의 동상이 있고 화려한 금빛으로 도배한 발레리나 분수대가 매력을 뽐낸다. 또 그 자유를 꿈꾸며 울부짖듯 노래하던 빅또르최의 추모비가 있다.

이들은 그렇게 이곳을 기억한다. 하지만 나는 골목 깊숙이 숨어 있는 러시아인의 삶을 머릿속에 담아 본다. 날마다 한손엔 맥주병을 또 한손에는 장미 한 송이를 들고 사랑을 속삭이는 커플들이 모여드는 곳 아르 바트 근교다.

영국 런던의 센트로 파크 못지않은 공원을 이곳에서 다시 만난 듯하다.

모스코비치 공원 안의 오래된 유적지 특히 노브데스비치 수도원 공원의 경우 시내 중심에 있어도 과거 속에 조용히 침잠해 있는 듯이 보인다. 이런 풍광이 이곳 사람들에게 한결 같은 상쾌함과 아늑한 휴식을 만나게 한다.

호수 위로는 새들이 날아들고, 저 멀리 오래된 수도원의 이끼들은 푸름을 더해 간다. 때마침 차이콥스키의 〈백조의 호수〉를 떠올리게 한 백조보다 물오리 떼가 물살을 가른다. 모스크바에서 이렇게 자유롭게 여행 할 수 있다고 상상이나 할 수 있을까. 그렇다. 모든 것이 어쩌면 함께한 친구들의 힘이 아닌가 싶다. 어둠이 드리우는 저녁 무렵 쯤 유명한 음악가 차이콥스키의 〈백조의 호수〉에

영감을 준 노보데비치 호수를 만난다. 바로 옆에 모스크바 대공 바실리 3세가 스몰렌스크를 탈환한 것을 기념하여 건립되었다. 전쟁 중에도 요새의 역할을 겸했고 황제 일족이나 명문 귀족의 딸들을 위해 설립된 수도원이다. 특히 표트르1세의 이복 누나인 소피아 공주가 유폐된 곳으로 아름다운 모습 속에 피비린내 나는 역사를 갖고 있는 슬픔의 수도원이다. 또한 체호프, 고골 등의 문인들과 쇼스타코비치 등의 음악가, 호르시초프와 옐친 등 러시아의 저명인사가 잠들어 있다. 수도원 바로 옆에는 모스크바의 중심에 있는 게 맞을까 싶은 정도로 조용한 분위기를 풍기는 공원이 있다.

웨딩 촬영을 위해, 또는 가족이나 연인과의 산책 친구들과의 만남을 위해 모스코비치는 이곳을 찾는다. 최근에는 미국 힐러리 국무장관이 오리 떼 조각상을 선물하여 백조 보다는 오리가 더 활개를 치는 곳이 되었다. 초등학교 반공교육, 북한군의 미그기를 뉴스로 본 나의 생각은 소비에트와 같은 단어를 지금도 편하게 말하지 못한다. 이미 20여 년 전 이념의 대립은 무너지고 현재 우리 조국과 절친한 관계를 유지하려고 노력하는 외교에 이제 좀 가깝게 다가선다.

모진풍파 속에서도 자리를 지키고 있는 러시아 정교회의 구세주 대성당. 1812년 나폴레옹과의 전쟁에서 승리한 기념으로 세워진 구세주 대성당은 1883년 오늘날의 모습으로 완공되기까지 스탈린에 의하여 폭파되는 불운을 겪었다. 지하 홀에서는 수많은 이 꼰화 밑에서 조용히 촛불을 켜고 기도하는 러시아인들의 모습에 마음이 경건 해진다. 민소매와 반바지, 잠바를 입고 입장을 할 수 없다. 어쩌면 그 나라의 새로운 관람 정신을 만나게 한다. 그래도 나의 머릿속에 실타래처럼 엉켜 있듯 뒤죽박죽된 머릿속과 수렁에 빠져 축축한 마음을 담백하게 정화하고 싶을 때 나는 무엇으로 사는가? 대문호 톨스토이를 이곳에서 만난다.

사실 누군가의 삶을 부러워 할 필요도 없고, 그런 삶을 산다면 내가 진정 행복할까라는 생각을 하게 한다.

타인의 시선 속에서 살았던 나를 과거로 던져 버리고, 내 가치관이 원하는 방향대로 다시 방향키를 힘껏 밀어 본다. 그리고 헤매는 대로 가다 보면 분명히 언젠가는 보석을 발견 할 것이라는 믿음으로 날 다시 일으켜 세운다. 내 삶이 벽에 부딪히거나 지혜가 필요할 때 푸시킨, 고골, 고리게, 같은 대문호들의 책 속에 잠겨 만나 본다. 그들의 온화한 미소를 보며 내게 손을 내민다. 크게 넓고 생각하듯 부활을 집필했던 저택 톨스토이 하우스 뮤지엄, 소박했던 삶이 느껴지는 저택 박물관 1882년 톨스토이가 죽기 전까지 살았던 마지막 집으로 〈부활〉을 집필한 곳으로 유명하다. 세계인의 머릿속에 영원히 기억되고 있는 현장을 만날 수 있음에 가슴은 벅차오른다.

"가장 중요한 순간은 지금의 순간이고, 가장 중요한 사람은 지금 당신과 있는 사람이고, 가장 중요한 일은 바로 그 사람을 위해 좋은 일을 하는 것"이라는 말을 가슴에 담고 새로운 여행지를 떠나간다.

2012년 6월 22일 북유럽 여행길에서

여행은 연인이다

길을 나서는 것은 일상에서의 탈출이다.

익숙하던 가족들에게서 벗어나 새로운 연인을 만난다는 느낌이다. 이 모든 것들이 나를 한없는 기대감과 설렘 속에 빠져들게 한다. 바로 이런 짜릿한 기분 때문에 나는 여행을 즐긴다. 이 행복감의 절정은 뭐니 뭐니 해도 여행을 떠나기 전이 아닐까 싶다. 살면서 항상 데이트와 결혼을 할 수 없지만, 우리는 언제든 마음만 먹으면 떠날 수 있는 게 아닐까 싶다. 이번 여행은 좀 유별나다. 여행 중간 지점에서 딸과의 만남의 설렘이다. 말레이시아로 떠날 채비를 하면서 나는 설레기 시작했다. 마치 연인을 만나려 가는 사람처럼…….

이른 봄 영국에 사는 딸이 대뜸 전화를 걸어왔다. 6월 초순에 쿠

칭 도시에서 학회가 있다면 오라는 전화였다. 단호히 "아니요, 작년 너의 졸업식에 다녀왔는데 하면서……" "아마 후회 할 걸요, 아주 멋진 호텔에 목욕탕이 끝내줘요."

하며 엄마의 목욕 문화를 잘 아는 터라 벌써 예약된 호텔 사진을 보내온 것이다. 그 순간 구미가 당기는 이상스러운 발동이 걸리기 시작했다. 그런데 이번 여행은 좀 모험이다. 어째든 서로의 만남이 말레이시아 Klia공항이다. 도착하면

"밖에서 꼼짝 말고 기다려 주세요."

라는 말 속에 나는 이상스레 '그래! 벌써 엄마가 짐이 될 수는 없지 않은가!' 하면서 내심 걱정스러움도 함께 나를 긴장하게 만들었다. 그러면서 공항에서 출국심사에 필요한 영어를 반복하면서 드디어 6월 12일 김해 국제공항에서 10시 40분 호치민으로 출발하는 비행기를 타고, 1시간 40분 소요. 그곳에는 필리핀에서 시집온 대부분이 친정 나들이로 북적였다.

그 다음부터가 제일 걱정하는 게 딸의 염려다. 호치민에 내려 2시간 30분의 시간을 기다려 쿠알라룸푸르 가는 비행기를 갈아타는 것이다. 곧장 가라는 안내표를 보면서 12번 GATE를 확인하고 느긋하게 대기실에서 책을 읽고 있었는데, 이상스레 주위가 썰렁하다. 그동안 GATE가 바뀐 것을 까맣게 잊고 있었으니……. 다시 전광판을 보다 옆 주스 파는 아가씨에게 물어도 OK다. GATE 직

원에게 물으니 19번 GATE라며 이층 왼쪽으로 쭉 가라고 한다.

'오매 머리 뚜껑 열린다.' 마라톤 선수가 따로 없다. 방송에서 '캉' 하는 소리가 들린다. 고기가 물을 만난 듯, 승무원이 걱정된 승객이 되어 아슬아슬 순간을 모면하고, 빈 좌석이 나의 자리다. 어쩔 뻔 했나, 이런 생각도 잠깐. 창밖으로 내려다보는 하늘 아래는 뭉게구름이 온통 목화솜 뭉치를 펼쳐 놓았다.

어린 시절 한낮에 집을 볼 때 외롭고 심심하여 툇마루에 누워 잠이 들었다. 낮잠을 자다 무심결에 눈을 뜰 때, 내 눈앞에 펼쳐진 뭉게구름. 그때 구름을 보는 순간 어떻게 저 구름을 표현할 수 있을까 하는 생각에 가슴만 답답했었다. 그때 마음은 "아! 너무 폭신해" 라는 말밖에 더할 수가 없었다. 가슴만 먹먹할 뿐이었다. 그 이후 그 멋진 구름을 지금껏 만나지 못했다. 아니, 지금 이렇게 만나다니, 눈을 감았다. 여행은 사람을 겸손하게 하고 세상에서 인간이 차지하는 영역이 얼마나 작은 것인가를 깨닫게 하는 순간이었다. 내가 알고 있는 세상과 다른 세상을 만나게 하는 것이 여행의 가장 큰 묘미다.

네 시간 삼십분의 비행시간을 보내고 말레시아에 도착. 짐을 찾고 5번 GATE에서 딸과의 만남으로 한층 긴장된 마음인데 이것 어쩌나, 충전된 폰이 먹통이 되고 말았으니…. 칠칠치 못한 나의 건망증이 여유 충전기를 챙기지 못한 것을 그때야 후회 하지만 때는 늦으리. 김해 공항에서 길어진 작별 인사가 이렇게 또 나를 시험하기 시작했으니, 황당하다. 결코 완벽에 이를 수 없는 게 인간사의 일이다. 같은 실패나 실수는 반복하는 건 문제이지만 실수 그 자체가 문제 되는 것은 아니라는 위안으로 마음을 가라앉힌다.

분명히 삽십 분이면 서로의 비행시간이 맞을 텐데 아니 한 시간이 지나도 나타날 딸은 보이지 않고 어디 충전 없는 폰이라 연락을 했다고 해도 볼 수 없으니, 입국 심사하는 안내에게 전화 한 통화를 걸자고 했더니, 자신들의 폰으로 사용 할 수 없다고 하니, 행여 한국 여행자에게 양해를 구할 생각을 해 보지만, 그곳에는 거의 일본 사람들로 만원이다. 몇 번의 여행객이 서로의 만남으로 빠져나간 자리는 이제 어둠으로 드리우고 더 이상 서 있기는 나를 너무 나약하게 만들기 시작했다.

충전을 해야 한다는 마음으로 충전소를 물으니 옆으로 비켜 가라고 한다. 말레이시아 아가씨가 나의 폰의 충전을 말하자, 대뜸 말레이시아 칩으로 갈아 끼우고 나는 충전 중의 폰으로 딸에게 전화를 하지만 영어로 연결되지 않는다는 말만 계속 귀를 어지럽게 하는 절박한 순간이다. 행여 내가 충전 중에 딸이 GATE에서 나를 찾지 않을까, 하는 마음에 이리 뛰어 갔다가 충전소로 오가는 나의 모습을 보고 가게 아가씨는 웃음을 머금는 진풍경이 되었다. 그런데 말레이시아 돈을 바꿔 가지 않아 한화 일 만원을 주니 고개를 갸우뚱거리는 게 아닌가. 그래도 나는 비싸다며 잔돈을 받아야 한다고 했으니 적반하장이다.

두 시간이 지나고 나는 이제 숙소로 가야 하겠다는 결심으로 숙소 주소를 확인하는 비장한 엘로 카드를 내밀었다. 그리고 잔돈 문제로 서로의 의견이 맞지 않아 서성이는 모습을 보고 딸이 그때 나타난 것이다. 자신의 비행기가 한 시간 연착되었다는 미안함을 감추지 못하고 폰으로 문자를 보냈다며…… 우리는 이렇게 긴 여행의 첫발을 내딛었다. 진정한 여행의 발견은 새로운 풍경을 보는 것이 아니라 새로운 눈을 갖는 것이라는 마르셀 프루스트의 말이 더욱 피부에 와 닿았다. 공항을 빠져나오는 순간 더운 열기가 얼굴에 확 달아오른다.

사계절 더운 나라다. 이곳 신궁은 아홉 왕자가 오년에 한 번씩 왕위를 이어 받아 왕자의 난 없이 왕위를 계승하고 있다고 하니 대단한 법칙 국가다. 그리고 이곳의 여자들이 머리에 '투동'이라는 긴 두건을 머리에 쓰는데 이슬람교의 종교가 전체를 찾지 하고 있다. 투통은 여자가 초경을 시작할 때부터 사용하며 그것은 자신의 순결을 보호한다는 의미도 있다고 한다. 종교의식이 만들어 준 구속이 아닌가하는 느낌마저 들었다. 보이지 않은 무서운 관습들이 어쩌면 그 틀 속에서 깨어날 수 없는 운명 같은 것으로 길들어져 버린 그들이 너무나 가엽게 느껴지기도 했다. 호텔 방 천정에는 서쪽으로 화살표시가 부착되어 있다. 하루 다섯 번씩 서쪽으로 보고 기도하는 아주 철저한 종교 의식이다. 그리고 친절과 겸손은 으뜸이다. 누구에게나 길을 물으면 오히려 건물까지 동행하는 모습은 우리가 생각할 수 없을 정도로 생활 속의 삶이다.

이곳에서 잊을 수 없는 것이 반딧불 투어다.

풍요로운 자연, 삶은 그처럼 소중한 것이다.

청청지역, 클리아스Klias 강의 맹그로브 숲에서만 만날 수 있는 문명을 철저히 배재하고 오직 자연과의 만남은 어둠 속에만 이루어지는 밤의 열기다. 총총히 반짝이는 모습이 크리스마스트리의 반짝이는 꼬마전구 같다. 밤하늘의 별들이 나무 위에 내려앉은 듯 가슴 설레는 멋진 풍경들은 온통 이 밤을 수놓아 준다.

나룻배를 타고 노를 저어 주는 사람도 옆에 탄 사람도 말이 없다. 우리가 아이들에게 가르치듯이 당신들의 아이들에게도 대지가 우리의 어머니라는 사실을 가르쳐야 한다. 대지가 풍요로울 때 우리의 삶도 풍요롭다는 진리를. 대지에게 가해지는 일은 대지의 자식들에게도 가해진다. 사람이 땅을 파헤치는 것은 곧 그들 자신의 삶도 파헤치는 것이다. 우리는 이것을 안다. 대지는 인간에게 속한 것이 아니라, 인간이 오히려 대지에 속해 있다는 것을 인간은 자연으로부터 필요한 모든 것을 빌려 오고 있을 뿐이다. 그런데 빌리는 자의 겸손보다는 자연을 정복의 대상으로 생각하는 오만의 자세를 보이는 것이 현대인들이 아닌가. 땅을 쓸데없이 마구 파헤치는 것은 그 자신의 삶도 파헤치는 것이라는 시애틀 추장의 말이 너무나 가슴에 와 닿는다. 환경파괴와 이상 기후로 몸살을 앓고 있는 지구의 미래를 구할 수 있는 귀중한 진리를 이곳에서 만난다. 그나마 이런 곳이 지구상에 존재하고 있다는 것이 그 얼마나 다행스러운 일인가. 돌아 나오면서 영원히 이곳이 존재하기를 기원해 본다.

왕궁의 야경은 더욱 호기심으로 나를 몰아넣는다.

역사는 우연과 필연이 빚어내는 하나의 무늬다. 완전한 우연도 없고, 절대적인 필연도 없다. 우연과 필연은 동전의 양면이며, 한 뿌리에서 자라는 두 가지인 것이다. 필연과 우연히 부단한 상호관계가 빚어내는 역사의 아이러니를 통찰 해 내는 안목, 그것이 역사를 배우는 우리의 토대가 아닐까. 인간의 덧없음을 깨닫는 것, 그리고 그 깨달음을 통해 현재의 희망을 재구성하는 것이 우리의 과제라고 나는 믿고 싶다. 이 왕궁을 보는 순간 이런 생각들이 머릿속에서 떠나지 않는다.

이번 여행은 부모와 자식의 관계에 비유한다는 것이 너무 소박한 것이 아닌가 하는 생각이 든다. 스스로가 자신의 삶을 풍요롭게 만들 수 있는 특별한 기회를 나에게 준 여행이 되었다. 건강에 대한 염려 등 주변의 굵직하고 자잘한 일상사를 모두 훨훨 털어버리고 항상 나를 낭만과 이상의 세계로 애틋하게 이끌어주곤 했던 낯선 세계를 향하여 함께 할 수 있음의 고마움이다. 미리 스케치로 그려진 그림에 색칠만 하는 것을 자신의 그림이라고 말할 수 없기에, 서투르고 미흡하더라도 내가 직접 밑그림을 그리고 색칠하는 작업 또한 진정한 맛이 아닐까. 디자인은 내가 직접하고 제품은 만드는 일은 해당 분야의 전문가에게 맡기는 게 현명한 일이다.

다시 서로의 일상으로 돌아가는 비행기의 창밖으로 펼쳐진 올망졸망한 도시의 풍경들이 새삼 덧없이 보인다. 현대인의 욕망이 만든 거대한 빌딩들이 초라한 일회용 라이터처럼 빼곡하다. 높은 곳에서 멀리 내려 볼 때 세상은 정말 달라 보인다. 인생도 마찬 가지일 것이다.

"인생은 멀리 보면 희극이고 가까이 보면 비극이다." 라는 찰리 채플린의 말이 가슴에 닿는다. 매번 느끼는 것이지만, 모든 여행의 풍경은 내면內面의 풍경으로 귀착하는 하는 것이다. 바깥의 풍경들이 마음의 안쪽으로 스며들어 성찰의 순간을 제공하는 것 그것이 바로 여행의 참 모습이리라. 기내機內에서 읽는 마르크스 아우렐리우스 명상록은 나의 그런 생각을 더욱 확고하게 만들어 준다.

중세에서 딱, 시간이 멈춘 섬

"엄마, '몰타' 가실래요?"

'몰타?' '말타?' 처음 듣는 이름이다.

영화〈트로이〉하니 고개가 끄덕여졌다. 그곳 촬영지라고 하니 머릿속이 벌써 출렁인다.

런던의 딸 집에서 비행장까지 자가용으로 1시간 반이면 루턴공항에 도착, 비행기로 3시간을 창밖의 바다만 보다가 내리면 갑자기 중세로 뚝 떨어지는 느낌이다. 수도 전체가 유네스코 문화유산으로 지정돼있다. 고대, 중세, 명화, 도시의 길마저 소설 같은 곳, 이곳이 몰타 공화국이다. 우리 제주도의 6분의 1만한 작은 나라 섬이다.

우리나라에서 좀 가기 힘든 여행지지만 영화에서 본 풍광을 보태주는 〈글레디에이터〉, 〈알렉산더〉 등의 제목을 생각하면 아! 하면서 새롭게 눈을 뜬다. 몰타는 지중해 한가운데 있는 작은 섬이다. 전국에 버스터미널이 단 하나 있으며 이곳에 오면 어디든 갈 수 있다. 발레타 터미널 근처는 대통령 집무실이 있고, 가끔 이 나라의 국가 원수를 보는 것도 어렵지 않다고 한다. 복잡한 서울에서는 상상도 못할 일이다.

어디를 둘러 봐도 현대적인 느낌을 찾아 볼 수가 없다. 처음 느낌은 얼마나 못 사는 나라면 옛 성터의 전쟁 폐허를 그냥 방치해 두었나 하는 동정심은 오히려 나 자신의 어처구니없는 생각에 미안 할 뿐이다. 투어를 하면서 곳곳을 보면서 간간이 새로 지은 건물이 있다는 것을 발견하게 된다. 그리고 깜짝 놀란다. 모든 건물이 상아색이다. 이들은 보이지 않게 노력하고 있는 중이다. 새로 짓는 건물 일지라도 전체의 조화를 고려해 건물을 맞추고 있음이다. 어디에도 직선대로가 없으며 경관을 망가트릴까 봐 현대식 다리를 짓지 않고 5분 거리를 30분~40분씩 둘려 다니는 것을 마다하지 않는다. 몰타는 고집스럽게 그들이 가진 소중한 풍경을 지키고 있다. 인구 40만의 나라가 꼬장꼬장하게 자기 색을 지키고 있음의 대견함이다.

그런데 이 나라는 반전의 매력이 있다. 건국은 1964년 영국의 식민지에서 독립 했지만 7000년의 역사를 가진 나라다. 그 증거로 고대로부터 전해 내려오는 유적들이 온 나라에 흩어져, 선사시대 무덤, 신석기 시대의 사원, 로마 양식과 사도바울의 카타콤이 여행자를 끌어 들이고 있다. 그 중에서도 중세 기사단의 흔적이 몰타 문화를 더욱 다양하고 특색 있게 만든다. 여기에 이태리 거장 카라바조의 대형 작품까지 있으니 사람들이 이곳을 여행하고 싶어 하는 이유가 아닌가 싶다. 복합된 문화가 남았다는 것은 침략의 역사를 반증하고 있기도 한다. 아픈 역사이지만 이제는 유럽 문화의 보고로 남아 그들의 관광 자원으로 활용하는 멋진 생각이 담겨져 있다. 우리나라의 생각하고는 좀 색다른 모습이다. 우리는 과거의 치욕의 잔재를 무작정 치워 버리고 지워버리는 것을 보면서, 과연 무엇이 더 진실한 삶의 의미인가를 한번 생각하곤 한다.

이곳 성 요한 대성당으로 들어 가보자. 이 나라 역사를 집약적으로 설명해 주고 있다. 몰타 섬은 1530년에 십자군이었던 요한 기사단의 영유지가 되어 8개 나라의 기사들이 이곳에 살기 시작했다. 그들은 자기 민족의 전통대로 살았고, 예배도 자신들의 방식대로 했다. 성당에는 8개 민족이 각기 자신의 언어로 예배를 드릴 수 있도록 예배 실 8개가 마련돼 있다. 작은 예배실은 조금씩 다른 색깔과 모습을 하고 있다. 성당의 바닥은 400명 기사들의 무덤이고, 그 비석에 해당하는 표지가 모자이크처럼 이어져 바닥을 이루고 있다. 성당 옆 기사단 공관 복도에는 중세 기사들의 갑옷이 전시돼 있다. 재미있는 것은 출신 나라 별 갑옷들이 하나도 같은 모양이 없다. 같은 목적으로 기사들이 연합 했지만 옷차림부터 예배 방식까지 자기만의 전통을 지켜온 것이다. 그러니까 몰타를 보는 것은 유럽 8개국의 중세를 만난다. 어떤 곳은 스페인, 독일, 이태리의 중세가 있다. 이 보다 더 효율적인 여행은 처음이다. 이곳에 근대의 색깔은 영국을 닮았다. 그들이 독립하기 전까지 영국의 식민지였기 때문이다. 가끔 만나는 빨간색 우체통은 'Kingdom of British' 라는 마크가 선명하다. 무엇보다 몰타어와 영어가 혼용되고 있어 우리나라 어학연수 학생들을 몰타에서 만날 수 있음도 여행의 반가움이다.

섬에서 다시 섬으로 몰타는 3개의 섬으로 되어있다. 고조Gozo와 코미노Comino가 있다.

작은 나라에 있는 더 작은 섬이지만 각기 개성이 강하다.

고조섬에는 선사시대의 거석 신전과 주간티아 템플이 있는데 이는 청동기 시대에 만들어진 것이다. 세계에서 가장 오래된 건축물이라고 하니 이를 보기 위해 여행자의 발길이 끊이지 않는 이유다.

중심은 빅토리아 요새다. 주섬의 임디나와 닮았다. 재미있는 것은 요새의 골목이다. 침입자가 들어왔을 때 화살이나 창을 피해 달아나가 위해 모든 골목은 직선이 아닌 곡선의 형태다. 지금은 낭만적으로 보이는 굽어진 길에도 이런 아픈 사연이 깃들어 있다니 그 얼마나 절박하고 호전적인 역사를 가졌는가를 미루어 짐작한다. 이런 곳에서 느껴보는 우리역사의 아픔을 생각하게 한다.

고조섬에서 빼놓지 말아야 할 것은 아주르윈도다. 이오니아해를 향해 시원하게 뚫려있는 커다란 창문, 아주르윈도는 그 자체 모습 뿐 아니라 깊고 푸른 바다의 풍경이 백미다. 파도치는 바닷가에 서 있자면 마치 중세영화의 한 장면 속으로 들어와 있는 느낌에 젖는다.

코미노섬에선 바다의 색이 완전히 달라진다. 지금까지 몰타에서 보지 못했던 에메랄드빛 바다가 비단 폭을 펼쳐 놓은 듯 펼쳐진다. 깊이를 알 수 없는 로열블루의 바다만 보다가 갑자기 펼쳐지는 부드럽고, 온화한 바다 빛깔에 와! 하고 감탄사만 연발한다. 이 매료된 감정에 실제로 영화 〈푸른 산호초〉와 〈트로이〉의 한 장면을 연상하면 역시 몰타는 사랑스러운 바다가 틀림이 없다. 어디에 초점을 두기보다 그냥 사진을 찍으면 이것이 기념엽서가 된다. 찍어, 찍어 하며 곳곳에서 셔터소리가 요란하다. 문화와 문명을 좇아 다니다보면 지친 몸, 감탄하느라 놀란 마음을 이곳에서 다 내려놓고 한가한 햇빛을 즐긴다. 다시 에너지가 충만해진다. 4일간의 몰타 여행을 아쉬움으로 하고 돌아올 때 작은 나라지만 이야기가 참 많은 나라다. 머릿속이 푸른 물에 젖는다.

2013년 7월 27일(토)

들꽃 질퍽한 항아리

인쇄일 2016년 9월 1일
발행일 2016년 9월 5일

지은이 강옥희
펴낸이 박철수
펴낸곳 도서출판 해암

등록번호 제325-2001-000007호
주소 부산시 중구 백산길 17 삼성빌딩 702호
전화 051)254-2260, 2261
팩스 051)246-1895
메일 haeambook@daum.net

ISBN 978-89-6649-100-1 03810

값 15,000원

부산문화재단

*본 도서는 2016년 부산문화재단 지역문화예술육성지원사업의 일부 지원으로 제작되었습니다.
*이 도서의 국립중앙도서관 출판예정도서목록(CIP)은 서지정보유통지원시스템 홈페이지 (http://seoji.nl.go.kr)와 국가자료공동목록시스템(http://www.nl.go.kr/kolisnet)에서 이용하실 수 있습니다. (CIP제어번호 : CIP2016021190)